読むだけでお金の増やし方が身につく

京都かけだし信金マンの事件簿

元メガバンク支店長
菅井敏之
＋お金総合研究所

アスコム

読むだけでお金の増やし方が身につく

京都かけだし信金マンの事件簿

この人生は、
どんなにつらくとも生きるに値する。
そのためには三つのことが必要だ。
それは、勇気と、希望と、
いくらかのお金だ。

チャーリー・チャップリン

はじめに

あなたは、今の自分の貯金や収入に満足していますか？

家計のやりくりや住宅のローン、将来のお金の不安はないでしょうか。


私は大学を卒業してから、三井銀行（現・三井住友銀行）に入社し、横浜と東京で支店長を勤め、多くの方々の資産構築に関わってきました。

その中では銀行員ならではの浮き沈みも経験しましたし、お金が人生を左右する瞬間にもたくさん立ち会ってきました。

もっとお金があれば楽に暮らせるのに……。二十五年の銀行員生活は、そんな声にふれながら、どう私たちはお金と付き合っていけばよいのか、と考える日々だったように思います。


ですから、銀行員時代の経験をもとに出版した『お金が貯まるのは、どっち⁉』、『家族のお金が増えるのは、どっち⁉』、そして『金の卵を産むニワトリを持ちなさい』が累計四十五万部のベストセラーになったことは、本当に嬉しい出来事でした。

「老後の資金をどう貯めればよいかがわかり、将来への不安が消えた！」
「ずっと赤字だった家計が黒字に！　貯金がどんどん増えた！」

出版後は、こんな反響を多く頂きました。著作が少しでも誰かの役に立てたということは、私の喜び、自信となりましたが、同時に本当に多くの人が「お金の悩み」を抱えていて、将来を不安に思っているのだと痛感しました。

なぜ、私たちはお金の不安から逃れられないのでしょうか。

一生懸命働いているのに……。
一生懸命貯金をしているのに……。

私たちがお金の不安からの逃れられない本当の理由は、たったひとつです。

それは……、

毎月のお給料や年金以外に、お金が増える仕組みを持っていないからです。

どれだけ、貯金を持っていても減っていくだけ、では心が休まりません。

お金の不安を解消するには、お金が増える仕組みを作り上げ、毎月、きちんと新しいお金が入ってくる「仕組み」を持つこと。

それが、私が二十五年の銀行員生活を通じて得た結論です。

本書には、安定した生活を手に入れるための投資術、自分の夢やアイデアを実現していくためのお金のつくり方など、銀行支店長ならではの**「お金が増えるスゴ技」**を紹介しました。

なぜ小説なのか、とお思いになる読者の方もいるかもしれませんね。

そういった方には、登場人物をご自身を置き替えながら読んでみてほしいと思います。私が銀行員時代に実際に体験した個人預金者の実例や、銀行が預金者に対してどのように判断し、どのように対処したのか、などいわば銀行の裏話を含むエピソードをふんだんにストーリーに込めました。小説ならではの臨場感の中で、金融機関を上手に使ってお金を増やすには、どう行動すべきかが、より明確に伝わるのではないかと思っています。

舞台は、桜さく京都の片隅から始まります。

京都ならではの商慣習に戸惑う、若い信金マンの青年が、大手銀行が仕掛ける罠に立ち向かう中で、だんだんと「お金のプロ」へと成長していく――。

そんな成長物語の中に、きっとあなたの人生に役立つ「お金の増やし方」のヒントが見つかるはずです。

人生に必要なのは、ほんの少しの勇気と希望と、いくらかのお金。

この物語を読み終わった時、あなたが将来の不安から解き放たれ、お金が増える仕組みを手に入れることを祈って。

菅井敏之

目次

登場人物紹介

和久井健太（わくい・けんた）

京都にある洛中《らくちゅう》信用金庫に就職。入社三年目を迎え、北大路支店の営業部に配属されるも、引っ込み思案がわざわいして、苦戦。最近自分がこの仕事に向いているのか悩んでいる。

桜四十郎（さくら・しじゅうろう）

偶然入った喫茶店で出会った職業、住所、年齢ともに不定の謎の中年男性。なぜか金融関連の事情に詳しく、和久井にいろいろとアドバイスをするように。

白崎葉子（しらさき・ようこ）

京都のローカルテレビ局・都放送でディレクターをしている。和久井とは立志館大学経済学部の同期で同じゼミ。飾らない気さくな性格で学生時代は人気者だった。

児玉香津美
（こだま・かつみ）

京都の老舗佃煮店「こだま屋」の五代目社長。担当が和久井に代わったのをきっかけに、金利の低い大手都市銀行の住菱銀行への借り換えを通達してきた。

梶谷雄太郎
（かじたに・ゆうたろう）

日本を代表する染物工房〈梶谷染色工房〉の五代目。負けん気が強く、また染色に並々ならぬ情熱を注ぐ。しかし、経営には無頓着で工房は赤字続き。

目黒先輩
（めぐろせんぱい）

和久井の一つ上の先輩職員で、和久井も住む職員寮に居る唯一の住人。鬱病を患い現在休職中。一日中部屋に引きこもっていて、滅多に姿を現さない。

田中光男
（たなか・みつお）

洛中信用金庫北大路支店の営業主任で和久井の上司。嫌みたらしく怒りっぽい。好きな格言が「触らぬ神に祟りなし」で、嫌な仕事は部下に任せる。

鮫島正昭

（さめじま・まさあき）

大手都銀葵銀行の東京本店人事部課長補佐

坂口輝明

（さかぐち・てるあき）

大手都銀葵《あおい》銀行の東京本店人事部課長

？

和久井が趣味のサイクリングの途中で出会った赤いロードバイクに乗った謎の美女。

春 一章

桜咲く京都に金が舞う

「キャッシュフロー」を整えよ！
それで、お金は回り出す

つづら折りの坂は、いつ登っても、キツい。

鞍馬《くらま》駅を過ぎると、和久井《わくい》健太《けんた》はダウンチューブのボトルケージに手を伸ばして、一口飲んだ。そして、ボトルを戻すと、変速機《ディレイラー》のレバーを人差し指で叩いて、ギアをひとつ軽くした。本格的な登りはこれからだ。

杉木立の間から差し込む光を浴びてペダルを踏んでいると、暗い気持ちをリフレッシュすることができた。と言いたいところだけれど、実際は、そんなにうまくいきやしない。日頃から胸にわだかまる屈辱感や、ほかの誰かと比較して自分の境遇を不満に思うことや、思い通りに事が運ばない苛立ち、上司や先輩から下される厳しい評価、うまくやっている者に対する羨望、そして劣等感などなどが、きれいさっぱり消えてくれるわけではなかった。

ただ、そんな鬱屈《うっくつ》した感情も、ひたすらペダルを踏み込んで急勾配を登っていくと、いくらか薄まるのが感じられた。

大学生活を始めるために京都にやってきて間もなく、この古風な町を徘徊《はいかい》するなら自転車が一番だと気づいた和久井健太は、一回生の夏休みに歌舞伎小屋として有名な南座で大道具のアルバイトをし、そこで手にした金をつぎ込んで街乗り用のクロスバイクを買った。

最初は、うねうねと市街地や賀茂川沿いを流したりしていたが、やがて碁盤目に整った町を出て、四方の山を登ったり駆け降りたりしはじめた。そうすると、あちこちでドロップハンドルのロードバイクを駆るサイクリストが目に留まるようになった。いつしか、自分もああいうバイクに乗ってみたいという憧れが芽生え、翌年の夏のアルバイトで、本格的なロードバイクを買った。

ロードバイクを駆るようになると、走行距離はぐんと伸びた。

そして、バイト先で怒鳴られたり、女にフラれたり、就活に失敗したり、とにかく、苦い思いに絡みとられそうになり、それを振り払いたいと思ったときには、これに乗って遠出するようになった。こうして、自転車が和久井のほとんど唯一の趣味となったのである。

和久井は健脚の持ち主というわけではない。いや、どちらかといえば、かなりヘタレなほうだ。だから、この鞍馬駅前から花脊《はなせ》峠へ駆け上る急勾配でも、最初は何度か足を着いていた。

いまも、背後からロードバイクの一団が和久井に追いつき、「どうもー」と声をかけ爽《さわ》やかに追い抜いていった。小さくなるジャージの背中には〈京都大学サイクリング部〉の文字が染め抜かれてある。

和久井は、ギアを重くして尻を上げ、ペダルを強く踏み込んで、小さな集団を追走しようとした。

しかし、その差は縮まるどころか、どんどん開いていく。突き放され、完全にちぎれた。いきなりペースを上げたので、心拍数は最大値まで上がり、息が苦しい。おまけにタイミング悪く、急勾配が目の前に迫った。

和久井はギアを戻し、さらにふたつ軽くした。そして、ゆっくりペダルを回して回復を待った。動悸《どうき》はなかなか治まらなかった。和久井は足首を内側にひねってサイクリングシューズの留め具《ビンディング》を外し、地面に足を下ろした。

「勉強でぼろ負け、自転車でもかなわないというのは本当に情けねーよな」

苦笑しながら、荒い息をついた。

東京の予備校で一浪したあと、翌春に臨んだ入試で、模試の結果から見ればまず大丈夫だろうと思われた東京の名門私大から、立て続けに不合格通知を受け取った。なんとか引っかかったのは、「一応、万が一のために」と東京の試験会場で受けた京都の私大一校だけ。それも補欠合格という、いま思うとキモが冷えるようなギリギリのラインだった。

まったく、俺の人生は、いっつも要所要所でキマらないな、と和久井は思った。入試の次は就職だ。京大のあいつらは、銀行に就職するなら大手の都市銀だろう。まさか俺みたいな信金に入る奴なんてのはいないだろうよ。

ボトルからもう一度スポーツドリンクを口にふくんでから、和久井はまた足をペダルの上に乗せた。

ペダルを踏み込み、和久井はまた急勾配を登りはじめた。さて、もう少し行けば峠の頂《いただき》だ、そう和久井が気合を入れ直したとき、またひとり「まいどー」という人なつっこい挨拶《あいさつ》を残して追い抜いていった自転車乗りがいた。浅井さんだ。よくこの登《と》坂路《はんろ》で会う、というか、いつも抜かれるサイクリストだ。五十歳を超えているが、和久井よりも断然強い。

「きばりや、もうすぐやで」

浅井さんはエメラルドグリーンの自転車を左右に揺らしながら、ぐい、ぐいっと急勾配を登っていった。なかなか見事なフォームである。

花脊峠に着いた時、休憩しているかなと思ったが、浅井さんの姿は見えなかった。あのまま、ここから西のほうに下りて、西回りで市街地に帰るのだろう。和久井の寝《ね》座《ぐら》は賀茂川より東にあるので、西回りで戻るとかなりのロングライドになる。そろそろ、また、このまま西へ下って、佐々里峠を登り、さらに西側へと回り込む長距離走も楽しみたいのだが、今日はあいにく夕方から用事があった。和久井は下りに備えてウィンドブレーカーに袖を通した。

和久井は登ってきた道を下りはじめた。

登りに比べると、下りは足をまったく使わない。使うのはブレーキにかかった指先だけだ。

京都の北部、船岡山・衣笠山・岩倉山などの連なりを北山と呼ぶ。これらの山肌はすっくと天に伸びるきれいな杉で化粧されている。この杉木立の足元を這《は》うように延びる山道を、荒れた路面に気をつけながら、和久井は軽快に下った。

精華大学の前を通り過ぎ、国際会議場を抜けると平地になるので、このあたりから下りで休めた足を回した。やがて市街地に入り、高野川が見えてきた。幅が広くなった川面が見えると、帰ってきたぞという気になる。

玄関口でサイクリングシューズを脱いだ。広い土間にはサンダルとジョギングシューズと革靴がひとつずつ置いてある。

和久井の住まいは、この木造二階建ての洛中信用金庫の職員寮「わかば寮」だ。家賃は給料天引きで光熱費込みの二万円。立地を考えると大変に割安だが、風呂はない。

トイレも台所も共同である。プライバシーが保たれないし、エアコンはなく、冬もすきま風がキビしい上に、石油ストーブの使用は共同台所のみという窮屈さと過酷さを嫌って、入居を希望する職員はほとんどいない。去年、結婚を機にひとりここを去ってからは、いま一緒に住んでいるのは、いっこ上の先輩職員ひとりだけだ。

和久井は自転車を担いで三和土に上がり、古い階段を軋ませながら、二階へ昇った。目黒先輩の部屋の前を通ったが、あいかわらずひっそり静まりかえっていた。

そのふたつおいて隣が和久井の部屋だ。自室の前の廊下にロードバイクを置いてから、共同台所に下りた。そして、大鍋に水を汲《く》んで湯を沸かした。

熱湯になる手前で火を止め、大鍋を洗濯場に運ぶと、流しに置いた金盥《かなだらい》に半分注いで、これに水を加えて、ぬるま湯にした。そして、湯を張った金盥にタオルを浸けてから、ジャージとレーサーパンツを脱いで真っ裸になると、絞ったタオルで身体と顔を丹念に拭いた。

裸のままで両手に大鍋を持ち、もう一度台所のコンロに戻した。湯が沸き立つと、そこにスパゲッティを放り込んだ。和久井は、全裸の男が台所に立ってパスタを茹《ゆ》でているこの光景は異様だなと内心苦笑しつつも、誰も見てない時と場所を選んで、だらしなく振る舞う開放感を味わっていた。

茹で上がる間に部屋に戻ると、Tシャツとトランクスを身につけてからまた台所に戻り、パスタをザルにあけて、湯切りしてから皿に盛り付け、市販のソースを絡めてたらこスパゲティを作って、遅めのランチをひとりで食べた。

皿をさっと洗ってから、Tシャツとパンツ一丁のまま、部屋に敷いてあった布団に寝転がった。窓から心地よい春風が入ってきた。その優しい風に撫でられながら、ああ、こんなふうに無為に毎日が送れたらどんなにいいだろう、予算やら財務諸表やらキャッシュフローやら金融資産やら不動産やらを考えなくて済む世界で、毎日をだらだらと過ごせるのなら、ほかには多くを望まない、一生このボロい寮で過ごしてもかまやしないさ――、そんな気持ちになった。

しばらくすると、和久井はウトウトしはじめた。

まどろみの中で、スマホが鳴った。

畜生、今日は休日だ、取らないぞ、と和久井は思った。どうせ、休日のこんな時間にかかってくる電話なんか、ろくなものじゃないんだ。借り換え？　オタクは金利が高すぎる？　しょうがないだろ、こっちはしがない信用金庫だ。金利で勝負したら銀行には勝てないんだよ。そんなに低金利が好きなら、借り換えでもなんでも好きにするがいい。

――いや、よくないな。

和久井は、はっとした。

そして次の瞬間、「いけね」と舌打ちしながら飛び起きて、スマホをつかみ、戸山《とやま》田充《だみつる》という発信人の名前をディスプレイに確認すると、寮の廊下を走って、共同便所に飛び込み、遠慮なく放尿しながらスマホを耳に当てた。

〈もしもし〉

声に混じって街のノイズが聞こえる。どうやら相手はもう会場の近くにいるにちがいない。

「あ、俺、和久井」

〈いちいち名乗らんでいいし。俺がかけてるから、発信のときに名前出てる〉

そりゃそうだ。

〈で、どないしたん。遅いやんか〉

「すまん、ちょっと遅れる」

〈へえ、休日出勤なん？〉

「いや」

〈ちゃうの、俺は午前中だけ出てたんやで〉

そうか、みんな学生気分を抜いて働いてるんだな。

〈で、いまどこなん？〉

「実はまだ寮だ」

〈寮？　ってことは、なんなんそのジョボジョボいうてるの、まさかお前あの汚いトイレでションベンしながら電話してんか〉

「まさか、そんなことは……」

と言いかけて、「ないよ」と言い切れないところが和久井の押しの弱いところである。

〈とにかく、先に始めとくさかい、なるべく早よ来《はき》いや〉

わかったと言って、水洗のレバーを跳ね上げた。ジャーッと梅雨時の賀茂川のように勢いよく水が流れ、その音を聞きつけたらしき戸山田の「やっぱりトイレやな！」という声が聞こえた。ゴメンと言いながら和久井は切って、部屋に戻った。

多少はましな格好をしていこうかと思ったが、急いでいたので、そこらへんにあるものを着て、寮の軒下に停めてあったクロスバイクに跨《また》がって、ペダルを踏み込んだ。

高野川を西に渡って賀茂川に出ると、川伝いに桜が咲きはじめている。

京の桜は、しだれ桜だ。

晴れがましく咲き乱れるようなソメイヨシノとは違って、しおらしくお辞儀をしているような、しっとりとした趣のこの花は、よそではなかなかお目にかかれない。

川沿いに桜の下をゆっくり走りたかったが、そうもしていられなかったので、右岸に渡って河原の道に下りた。

橋をいくつかくぐると、そこかしこに緑のビニールシートが見える。ホームレスの住居なのだが、京都は観光が市の財政を支えているので、当然景観にはうるさい。このような不法住居に対しての取り締まりも厳しい。大丈夫だろうかと和久井は不安になった。

会場となっている貸し切りの小さなクラブに飛び込むと、同期の鴨下啓介《かもしたけいすけ》がマイクを握っていた。学生時代とはちがい、びしっとスーツを着て、ずいぶんと人品がいい。

「あの、明日から現地法人の立ち上げのためにミャンマーに行かなきゃならんのですが、今日は内田ゼミの同窓会だということで、こればかりは外せないなと思い、東京から京都に戻ってきました」

いいなあ、と素直に和久井は羨《うらや》ましかった。このスケール感はさすが大手の都銀ならではだ、と。そして、それに比べて俺は……とまたいじけた。

和久井らの出身校である立志舘《りっしかん》大学は、京都ではまずまずの私立大学で、「ほお、京大、そりゃ値打ちある」と間違いなく感心される京都大学には及ばないものの、「さよか、立志舘の学生さんかいな」という具合に、同命社《どうめいしゃ》大学と並んで大抵の人が知っている私学の雄《ゆう》である。

だから、結構いいところに就職する奴もいる。いまマイクを握っている鴨下がその代表だ。成績は和久井よりもずっと悪かったのに、要領がよく明るい性格が面接官に好印象を残すのだろうか、都銀をはじめとして数社から続けざまに内定をもらった。

一方の和久井は、ここ一番の勝負どころに弱い性格があらわになってしまった。生まれつき、どこか押し出しが弱く、自己アピールではいたずらに謙虚すぎる性格が災いしてか、ことごとく落ちてしまい、和久井に内定を出してくれた企業は京都の信用金庫だけだったのである。

「まあ、こんな僕でも、大役のプレッシャーに押しつぶされることなくなんとかやれているのは、内田ゼミで培った教養……と言いたいところなんですが、実はそうではなくて、同ゼミで頻繁に設けられた数々の酒席を切り抜けてきたコミュニケーション能力が功を奏しているのではないかと疑っているんです。実際、一緒に酒を飲むと腹を割って話せるというのは、アジアではぜんぜん通用する話じゃないかと思うんですね」

鴨下のこの言葉に、会場からうっすらと笑い声が漏れた。

相変わらずの名調子やな、という声が耳元でした。

「ああいう如才のないところは、憎たらしいほどうまいわなあ」

戸山田は水割りのグラスを口に運びながら感心している。

「そうだな」

和久井も同意した。

「なんやお前、ウーロン茶飲んでるんの」

「今日は車で来たんだ」

「車？　ああ、チャリかいな。チャリで飲まへんところがお前らしいな。真面目すぎるちゅうか」

「それにしても大勢集まってるな」

和久井は話をそらした。

「ああ、内田先生、来年で教授を退任されるちゅう話やからな、それで先輩もぎょうさん来てる。いま湊《みなと》がどうぞよろしゅうにて頭下げてる白いスーツの人おるやろ、あれは任海堂《にんかいどう》や」

和久井はどうりでと思った。

任海堂といえば京都を代表する大企業だ。昔は花札などを作っていた小さなゲーム会社だったのが、一昔前に出した家庭用ゲーム機が爆発的に売れまくって、「プレイ・ニンカイドウ」という英語が成り立つまでになった。いまや世界に冠たるＩＣ企業だ。西陣銀行に勤めている湊洋平が先輩先輩とすり寄っていくのも無理はない。

京都には任海堂をはじめとして、このような企業がいくつかある。これらの企業は、京都を発祥の地とし、日本を代表する大企業になった後も、京都に活動拠点の中心を置いている。村田製作所も、京セラも、ワコールも、堀場製作所も、島津製作所も、本社はみな京都にある。和久井はこれを京都人の意地だと解釈していた。

「お前も名刺渡さんでええのんか」

「まあ、こんな格好だから」

和久井は生成《きなり》のシャツに、下はジーパンだった。

「ええやんか。渡すだけ渡しとけ。どこで商売につながるかわからへんぞ」

「いや、うちが任海堂さんと仕事で絡むのは無理なんだ」

「なんでや」

「うちは信用金庫だから」

「それがどないしたんや、同じ金貸しやろ」

「いや、信用金庫法ってやつで、大企業との取引は禁止されてる」

「へえ、そりゃしょうもない話やな」

戸山田は、いかリングをテーブルからつまみ上げながら言った。

「そんなんやったら、一生、商店街のおっさんのお世話で終わってしまうがな」

和久井にとって一番聞きたくない台詞《せりふ》だった。

二十代の半ばですでに自分の人生が小さく決定されてしまったような、そんな薄暗く埃っぽい気分が膨らみだしている。そして転職、と考えてしまうのである。さらに

戸山田には、そんなこと言うのなら、お前の店と取引させてくれればいいじゃないか、と言いたかった。

戸山田の実家は、京都の有名な和菓子屋である。つまり彼は老舗《しにせ》のボンボンというわけだ。残酷なくらい暑い京都のキャンパスで、皆が暑苦しい就活ルックに身を包んで教室に座っていたとき、「たいへんやなあ」とTシャツ姿でのんきにガリガリ君を食っていたのが戸山田である。

しかし、信金に入った和久井が取引を相談したとき、この若頭《わかがしら》はこう言った。

「悪いけど、おやじの目の黒いうちは無理や。ごっつうブランド志向が強いよって、取引するなら都銀やないと体裁悪《わる》い言《ゆ》うねん」

実は京都にはこのような老舗が多いことは、就職してから知った。老舗の旅館や料亭などは非常に気位が高く、信金は相手にしてもらえないことが多い。

会場から拍手が起こった。

スピーチを終えた鴨下が壇上から降りていた。

フロアーに和久井を発見した鴨下が「よっ」と軽く手を上げた時、その仕草に得意があるように感じられた。

「ちょっと、内田先生に挨拶してくる」

和久井はウーロン茶のグラスを置くと、演壇の脇で同期の白崎葉子《しらさきようこ》と話している内田教授に近づいて、頭を下げた。

「先生ご無沙汰しています。こんな格好ですみません。そして、その節はありがとうございました」

いやいやと内田先生は手を振った。

「僕のほうこそ期待だけさせて、具合が悪かったたな」

「とんでもございません」

実は、卒業後、内田先生の研究室に立ち寄った折に、「どうだ、元気でやってるか」と訊かれ、「いや、なかなか実社会はキビシイです」と弱音を吐いたら、

「去年、妻が死んで、独り暮らしになったんやけど、娘が同居しよう言うてくれてな。そんで、二世帯住宅にするために、住宅ローンを組もかて話が持ち上がってるさかい、和久井が勤務する洛中信金さんで世話になられへんかて娘婿《むこ》に訊いてみるわ」と言ってくれた。

社会に出たできの悪い教え子が苦闘しているので、見るに見かねてそう提案してくれたことは明白だった。和久井は素直に喜んだ。しかし、タイミング悪く、娘婿のほうは地銀でローンをまとめてしまい、この話はお流れとなった。しかし、その心遣いだけはありがたかった。

「どう、元気なん?」

隣に立っていた白崎葉子《しらさきようこ》が言った。

「まあまあかな」

和久井はとりあえず、そういうことにした。

「去年の夏、丸太町を歩いているところを見たよ。黒い鞄さげて」

「なんだ、声かけてよ」

「そうしたかったけど、こっちも取材の前でテンパってたんやもん」

白崎葉子は京都のローカル局・都《みやこ》放送でディレクターをしている。一度、大文字《だいもんじ》の送り火をバックにマイクを握っているのを見たことがある。小さな局なのでディレクターもレポーターを兼ねたりするのだろう。

「元気ならええやん」

葉子は笑って言った。

「元気だよ、一応」

スマホが鳴った。和久井はディスプレイを見てぎょっとした。「こだま屋」とあった。

もしもしとスマホを耳に当てながら、内田先生に頭を下げて、その場から離れた。

「和久井でございます」

その口調は完全に営業のものになっていた。

〈ああ、和久井はん、休みの日にすまんな。実は前に、ちょろっと耳に入れさせてもうた件なんやけど〉

嫌な予感がした。ものすごく……。

〈やっぱりこれを機に、住菱銀行さんに世話になろうと思とります〉

予感は当たった。借り換えの通達だ。金貸し業に携わる者にとって一番嫌な連絡だった。

「そ、それはなんとか考え直していただけないでしょうか」

〈なんべんも考えた結果をお伝えしてるんでっせ。せやないと、日曜日にわざわざこんな電話かけしまへん。けったいなこと言わはるわ〉

相手の語調は急に冷たくなった。

〈なにもうちは、洛中信金さんとお付き合いしてきたつもりはあらしまへんで。オヤジの代から世話になってきたのは仁科《にしな》さんやと思てます。せやからこれが、ちょうどええ機会やったんやないかと思てるんですわ〉

仁科というのは、先月退職した大先輩の営業マン仁科徹《とおる》さんのことである。営業一筋で、洛中信用金庫を定年まで勤め上げた。定年後も、前理事長から、あと少し力を貸してくれと言われ、籍を置いていたが、理事長の退任と同時に完全に身を引くことになった。

その仁科さんの顧客の、かなりの部分を引き継いだのが和久井である。

しかし、人付き合いを大切にする京都の取引先は、仁科さんの退職を機に金利の安い都市銀や地銀に借り換えるものが出てきた。

〈こっちが相談した話も、いいようにあしらわれたよって〉

「金利ですか」

〈ほかに何か頼みましたやろか〉

相変わらず、きつい言い方をする。確かに、もう少し金利を下げてもらえないかと言われたことはあった。しかし、これは和久井が決められることではない。一応上司に相談したが、話にならなかった。金利のダンピングでは、信金は都市銀には勝てないのだ。

「そこをフォローするのが信金マンの力だ」

イケイケ体質の支店長はそんなことを言った。実際、仁科さんはそれをやってきたのである。しかし、入社して三年目の和久井にベテランの穴埋めは荷が重かった。

〈明日の午前中に住菱銀行さんが来はるから、一応これまで世話になった義理かと思って、いらん電話してるんや。ほな、さいなら〉

切れた。

これはマズいなと思いながら、和久井は水割りのグラスを手に取った。胃がしくしく痛んだけれど、飲まずにはいられない気分だった。

二次会では同期だけで祇園に流れた。こぢんまりとしたバーで、和菓子屋を継いだ戸山田充、ローカル局でディレクター見習いをしている白崎葉子、今は東京住まいとなった大手都銀の企画開発部門に籍を置く鴨下啓介、地元の銀行の融資係に勤める湊洋平、京都に本社を置くIT企業の高田製作所に勤めている島田《しまだ》定彦《さだひこ》、そして洛中信金で去年から融資営業担当となった和久井健太がグラスを重ねた。金融関係に就職した者が多いのは、内田ゼミの専門が金融学だからだ。

大学を卒業して間もない学友が久しぶりに顔を合わせて語り合うことは、それぞれの職場での苦労話と相場が決まっている。変な表現だが、苦労話に花が咲くというような状況だった。

和久井はほかの人間の苦境が羨ましかった。

葉子が「うちは小さな局やから、ディレクターもカメラ担がされちゃうからね、おかげで日焼けはスゴいし、腕は太なるし」と言ったときも羨ましかったし、湊が「村田製作所に取引額を増やしてもらおうと祇園で接待攻勢をかけたけれど駄目だった」も羨ましかった。特に、各国を飛び回っている鴨下の「まだ下っ端だからエコノミー席しか取ってもらえないので、背中が痛い」だの「現地の飯が合わないので、こっそりカロリーメイトを食べるときがある」だのという愚痴は、自慢にしか聞こえなかった。

実際、鴨下は、

「なんや、佃煮屋みたいな小口の取引先に逃げられたくらいでクヨクヨすんなよ」などと笑って言ってのけたのである。

これをフォローしてくれたのは戸山田だった。

「そやけど、こだま屋さんゆうたら老舗中の老舗やからな。和久井とこやと、逃がした魚は大きいちゅう話になるで」

さすがに京都で長年商売している家の息子だけあって、こだま屋の暖簾《のれん》の存在感をちゃんと把握している。

ふと見ると、島田が葉子とこんな会話をしていた。

「今度、市立美術館で竹田鷹山展やるやろ。あれ、うちが協賛してるねん。会長がファンやねんて。葉子ちゃんとこで取材してや。なんせ会長案件やから、プレッシャーごっついねん」

「へえ、ええと思うわ。制作のキャップに話しとく。たぶん興味持つんとちゃうかな」

これもまた羨ましい。

学生時代から葉子に憧れを抱いていた自分も負けじと、和久井はこんなことを夢想した。

「今度うちの支店が近所の盆踊りで焼きそばの屋台出して、店名入りのうちわ配るんだけど取材してよ」

「ええな、塩焼きそばも出してや」

あり得ない。

和久井は薄い水割りを呷《あお》った。また胃が痛んだ。


翌日、支店にいったん入ると、すぐに出て、こだま屋に向かった。田中光男営業主任に昨日の電話の件を打ち明けて指示を仰ごうかと思ったが、こだま屋の主人には、できればなんとか手を打って、借り換えを思いとどまってもらいたかった。仁科大先輩が大事に囲い込んできた顧客に、櫛《くし》の歯が抜けるように、一件また一件と借り換えを決断される。この事実をそのまま報告したのでは、私には能力がありませんと申告しているようなものだ、和久井はそう考えた。

濃い藍《あい》色に〈京佃煮　こだま屋〉と白抜きに描かれたきれいな暖簾が、店先にかかっている。和久井はまず、この暖簾から発せられる独特の威圧感にたじろいだ。

「社長はいま、お留守です」

本店の玄関先で取り次ぎに出た店員は、和久井からどことなく視線をそらし気味に、そう言った。

「あの、いつ戻られますか」

「さあ、聞いてませんさかい、わかりまへんなあ」

おかしい。午前中に住菱銀行を呼ぶのではなかったのか。

「では、また来ます」

和久井は、いったんこだま屋を出て、近くの喫茶店で小一時間ほど時間をつぶしてから、またこだま屋に出向いた。

小路を歩いていた和久井は立ち止まった。

こだま屋本店の玄関先の暖簾を分けて、スーツを着た男がふたり出てきたからだ。ふたりは振り返ると、玄関に向かい、深く頭を下げた。

銀行屋だ。住菱銀行にちがいなかった。

「まあ、あんじょう頼みます」

のっそりと玄関先に姿を現したのは、こだま屋の五代目社長・児玉香津美《こだまかつみ》さんである。京家の旦那らしく、着物姿だ。

「このたびはありがとうございました。どうぞよろしくお願いします」

年配のほうが、また頭を下げた。

「いやいや、こちらこそよろしゅう頼みますわ」

旦那は、にこやかに言った。

「天下の住菱さんやから、大船に乗ったつもりでおりますよって」

銀行員ふたりはもう一度頭を下げて、踵《きびす》を返し、和久井のほうに歩いてきた。

そのとき、ふたりを見送るこだま屋の主人と和久井の目が合った。

主人は怒りと軽蔑が混ざった眼差しを和久井に投げると、ゆがんだ笑いを残して、背中を向けた。

「あの……」

と和久井は思わず声をかけた。しかし、和久井はこのあと、どんな言葉を継ぎ足せばいいのかわかっていなかった。

その先を制するように、主人の声が聞こえた。

「あまり無粋なことはせんといてくれはりますか」


一時間後、しだれ桜をバックに観光客が自撮り棒を突き出している横を抜けて、賀茂川の岸辺に降りていった和久井は、ぼんやりと川面を眺めた。

そして、店に戻ったらどうやって田中主任に報告しようかと頭の中で色々シミュレーションしてみたが、どのバージョンもうまくいきそうに思えなかった。

和久井は腰を上げて川岸の道に上がった。そして店に戻るべく、川沿いを重い足取りで歩いた。

ふと見ると、見慣れない喫茶店ができている。いつのまにかオープンしていたらしい。くそっ、オープンの費用はどこで融資を受けたんだろう？　すぐにそんな方向に連想呼び起こされてしまうのが、金貸し業の性《さが》である。

そういえば、今日は店へ配達してもらう弁当を予約していなかった。洛中信金は、昼食は配達される弁当を店の休憩室で食べる決まりになっている。しかし、外回りのついでに「本日は外で食べます」と先に報告していれば別だ。逆に、そうしてしまうと、店に戻っても食べるものはない。

和久井は喫茶店のドアを押した。

ぎょっとした。昼時だというのに、客はひとりしかいない。

店の隅で、うらぶれた中年のオヤジが、新聞片手にスパゲッティをフォークに巻き付けている。

嫌な予感がした。

「いらっしゃい」

でっぷりと太った女主人が、テーブルに水の入ったコップを置いた。

「パスタランチ？」

「え」

「パスタランチがオススメやねん」

「ああ」

「パスタとサラダとデザートにコーヒーがついて九百八十円」

「ほかには？」

「それしかないねん」

「ああ、じゃあパスタランチください」

「グッドチョイスやね」

選択肢がないのだからチョイスじゃないよな、と思いながら和久井は水を飲んだ。

そして、嫌な予感は当たった。


出てきたのは、見るからにぶよぶよした麺にトマトケチャップを適当に振りかけただけのナポリタン。この皿の横に小さなガラス容器があり、和風ドレッシングをかけたキャベツの千切りに細切りピーマンが混じったクズ野菜が入っていて、どうやらこいつがサラダらしい。そしてデザートは小鉢に盛られたヨーグルトである。これは市販のものを器に移しただけだろう。

それでもパスタがうまければ我慢できた。しかし、和久井は一口ほおばってフォークを置いた。

まずい。

金を取ってこの味は、いくらなんでもあんまりだ。開店したのはいいけれど、これは遅かれ早かれつぶれるな。和久井はそう思った。こんな食い物を出して、味にうるさい京都でやっていくのは難しいだろう。この店に融資しなくてよかった、と和久井は今度はほっとした。

あまりのまずさに、和久井は再びフォークを取る気になれなかった。

すると、店内にいたただひとりの客と目が合った。

斜め向かいの席から、楊枝《ようじ》を使いながら、オヤジがこちらを見てニヤッと笑った。その笑いは、まるで「まずいよな」と連帯のサインを送ってきているようにも思えた。

どう反応していいのかもわからず、目をそらした和久井は、クズ野菜とヨーグルトをやっつけた。それからもう一度パスタに挑戦してみたが、ふたくち目で心が折れた。

和久井は手を上げた。

「コーヒーください」

はーい、と女主人が明るい声を出した。それは潤いのある美声だった。この時、またオヤジと目があった。あいかわらずニヤニヤしながら、今度はやれやれという具合に首を振った。だんだん気味が悪くなってきた。和久井は鞄から商売用の資料を取り出すと、表紙をじっと眺めて、オヤジの視線を遮った。本来は、金融業に従事する者は、機密保持などの危険を避けるために、外出先で業務書類を安易に広げたりしてはならない。それは和久井も知ってはいたが、表紙くらいならかまわないだろうと甘えが出た。

そして、トレイを前に押し出すと、空いたスペースに商売用の資料を鞄《かばん》から取り出して、オヤジの視線をそらすようにしばし眺めた。

スマホが鳴った。

「もしもし」

〈お前、なにやっとんねん〉

田中主任はいきなりこう切り出した。

「はい」

〈先ほど、こだま屋さんから電話があった。内容は言う必要ないわな〉

店に戻ってうまく説明するつもりが、先を越されるという最悪のエンディングである。

〈おまえなあ、言いにくいことほど早めに報告せんといかんちゅうて、なんべんも教えたやろ〉

「すみません」

〈エライ大きな魚逃がしてくれたなあ。こだま屋さんゆうたら、三代前からの付き合いやねんで〉

「けれど、金利が」

京都では長きに渡って、都銀・地銀・信金との間で金利の差はなかった。しかし、ここ最近、住菱《すみびし》と葵《あおい》という二大都銀が低金利を謳い、にわかに攻勢をかけてきたのである。

〈金利？　確かにうちは金利の件でいろいろと嫌味を言われてた。そやけど、そこをあんじょうやるのが営業やろが〉

あんじょうやると言われても、こだま屋の旦那さんからは、「仁科さんも辞められたし、金利がなんともならんのなら、借り換えさせてもらうさかい」とはっきり条件を突きつけられたのである。

胃が痛みだした、これは、手で腹を押さえていれば治るというものでもなさそうだった。

〈金利を下げて借りてもらうなんてことは、アホでもできるんや〉

ひょっとして、あのドロドロのナポリタンが原因かもしれない。和久井は立ち上がった。その時、鞄に戻したつもりの書類が滑って床に落ちたのにも気づかなかった。

和久井は携帯電話を耳に当てたまま、店の奥へと進んだ。こういう造作の店はトイレは奥だと相場が決まっている。

女主人が「あら」と言った。

「おトイレ？　おトイレは入り口の脇」

畜生、外れた。

〈トイレやと？　お前、トイレで俺の小言を聞くつもりかい〉

田中主任が怒鳴った。

「いえ、そんなつもりは」

そう言いながら和久井はドアを閉め、ベルトを外した。

〈ええか、これ以上借り換えされたら承知せんぞ〉

はい、と答えたものの自信がなかった。

〈こだま屋さんの分をなんとか取り返さんと三島部長が黙ってない。それに、新しい支店長の性格はお前ももうわかってるやろ。攻めの姿勢が足りんのや、お前は〉

「わかりました」

そう言って和久井はうっかりレバーを跳ね上げた。景気よく〈大〉の水が流れた。

〈やっぱりお前、トイレでかけとるんやないか、もう勝手にせい！〉

そう叫ぶ主任が先に切った。

やれやれ、これでまた肩身が狭くなったな、と思いながら和久井はトイレから出た。すると、自分の席の向かいに、例のオヤジが座っている。和久井がビックリしたのはそれだけではない。オヤジはテーブルに広げた資料を勝手に見ているではないか。

「何しているんですか、やめてください」

「お前、銀行マンか」

オヤジは悪びれる様子もない。

「信金です」

少しすねたように和久井が言った。

「こんなところに資料ほっぽり出しちゃ駄目じゃないか。大体、金融マンが外でこんなもの取り出すなんてのは言語道断だぞ」

確かにその通りである。

「ふむ、洛中信金か」

どうやら資料のレターヘッドを見られたようだ。

「さっきの電話、さては借り換えられたな」

和久井は二の句が継げなかった。

「それは金貸し業としては痛恨の極みだな」

「ほっといてください」

「でも、お前、そこには今後も顔出したほうがいいぞ」

「え？　借り換えられたんですよ、しかも全額です」

「だからこそ顔を出すんだ。それから、そこの家族構成は知ってるのか」

「いえ、知りません」

「駄目だなあ、そういうこともちゃんと調べとけ。子供はいくつくらいなのかとか、奥さんの趣味は何かとか……」

「ほっといてくださいよ、あんた誰なんですか」

和久井のコーヒーが運ばれてきた。コーヒーをテーブルの上に置くと、中年の女主人は卓上の皿を見て「あら」と声を出した。

「ずいぶん残しはったなあ、そんなにおいしくなかったんかいな」

いいえ……と和久井は口ごもりながら言う。客だから、まずければ正直にそう言えばよさそうなものだが、なかなかズバンと直球を投げられない性分なのである。ところが目の前にいた中年男は遠慮なく、

「お姉さん、美人だけど、料理は下手くそだねえ」と言ってニヤニヤした。

「やっぱり……」

女主人の顔が曇った。

「どうして喫茶店なんかやってるの？」

男は和久井のために運ばれてきたコーヒーを勝手に飲んで、

「あら、コーヒーもぬるいなあ。お姉さん、食い物出す店は向いてないよ」

「そんなこと言われんでも、わかってますさかい」

女主人はふくれっ面をしてみせた。

「ほかにやりたいことないの？」

「ほんまはこれでも歌手なんよ、私」

「歌手？」

謎《なぞ》の男と和久井が声を合わせて尋ねた。

「ジャズ歌ってんの。でも、それやと食べていけへんから」

和久井は日本のジャズ歌手の名前を思い浮かべようとしたが、ひとりも名前を挙げられなかった。日本でジャズを歌って生活する、それはイフンで津軽三味線を弾いて投げ銭で暮らす、ノルウェーで風鈴の工房を営む、そんなこころもとないイメージだ。

「まあ、そりゃあねえ」

顔を曇らせて中年のオヤジが言った。

「旦那さんはどうしてるの？」

和久井に家族構成を訊けと言うだけあって、オヤジはずけずけと家庭の事情に立ち入っていく。

「それがねえ、聞いてくれはる?」と言って、女主人は椅子を引いて座った。

店の人間が客と同席する格好になった。和久井はなんでこうなるのよと思ったが、席を立てないでいる。

「主人は税理士で、個人事務所を開いてますねん」

「ほお」と男はコーヒーをまた一口飲んだ。ぬるかろうがマズかろうが、それは俺のコーヒーだぞ、と思った。しかし、それを口に出せないのが和久井である。

「秘書の女とデキて、揚げ句の果てに別れてくれやて」

「ほお、それは気の毒だな。その女は若いの?」

「若いゆうたら若いけど。でも若いだけやん。別嬪《べっぴん》さんってわけでもないのに」

「へへへ」

男は同意するでもなく否定するでもない、妙な笑い声を出した。

「でも、敵は最初から狙ってたんやと思うわ。それやのに、まんまとやられてしもて、若けりゃええのんかって言いたいわ、このボケが」

「そりゃそうだ。ジャズを歌う女の色香がわからんのかってね」

男は混ぜっ返した。

これは時間の無駄だと思い、和久井は伝票をつかんで腰を浮かした。

この時、オヤジの手が和久井の肩にすっと伸び、和久井は強烈な力で椅子に押さえつけられた。

なんだ、これは？　ここにいろってことか？

「じゃあ離婚は旦那が言い出したんだな。だったら、いくらか渡してくれただろう、その金でこの店を？」

「まあ、向こうも悪いとは思てるみたいやったから、いくらかまとまったものは残してくれたんやけど、それで一生食べていくと思うと心細いし、なんかせんとと思てここを……。けど、やっぱり向いてないんやろか」

向いてない！　心の中で和久井は叫んだ。

「そうだな、お姉さん、やっぱりジャズ歌ったほうがいいよ」

「そう言わはるけど、あの世界もそんなに甘いもんやないし」

「まあ、そうかもな。けど、まだ少し残ってるだろう？」

「何がですの？」

「お金、旦那がくれた」

ひょっとしてこいつは詐欺師じゃないか、と和久井は疑った。

「ええ、少しは」

「いくらなの？　お姉さん」

「二千万ほど」

お姉さんって言葉で、つい口が滑ったな、と和久井は心配になった。

「それは箪笥《たんす》で眠らせてるのかい？」

「いえ、少しでも増やそうと思て、投資信託を考えてるんやけど」

「それは危ないなあ」

「なんで？　長期で分散投資するんやったらまず間違いなく儲《もう》かります、て言うてくれてはるけど」

「どこの銀行？」

「葵銀行。一流やで」

「お姉さん、リーマン・ショックってのはね、超一流銀行がまず間違いなく儲かるって売りつけた金融商品がパーになって起きたんですよ」

女主人は顔をしかめた。

「……いややわあ。そんな物騒なこと言わんといて」

「物騒なことはね、物騒なことが起こる前に言わないと意味ないの」

「そら、そうかもしれへんけど。でも、そうなったらほんまに困るわ」

「俺もお姉さんが困るのを見るのは忍びない」

だったら、さっさと店を出ればいいじゃないか、と和久井は思った。

「とにかく、投資信託なんてものは、人生あと十年かなってくらいの晩年になってからやればいいのよ」

「そうやろか」

「そうだよ」

「じゃあ、定期預金にとこかな」

「なに言ってんの、お姉さん、こんな低金利の時代に、いくらも増えないよ」

「そんな暗いことばっかり言わんといて」

女主人はむくれたが、お姉さんを連呼されて、ガードが下がっているのは明らかだ。

「あのね、こうしようじゃないの」

「はあ」

「その二千万をね、洛中信用金庫に移しちゃいましょう」

「え、なんで」

「それで、六千万借りちゃう」

なんだって！　と和久井は思った。勝手なことを言われても困る。それともこの男、洛中信金《うち》のお偉方と知り合いなんだろうか。

「あの……」と和久井が口を挟もうとした時、

「借りられるの？　六千万も？」と女主人が話を進めた。

「ああ、大丈夫だ。それで、その六千万でね、そうその六千万で――」

「ジャズクラブをオープン！」

女主人は思わず言った。

オヤジは顔の前で手を振った。

「駄目」

「え、あかんの？」

「ああ、それは無理」

「なんで？　六千万もあったら、機材とか入れても、できるのちゃう？」

「金貸しは店舗物件は嫌がるんだよ」

このオヤジ、どうして知っているのだろう。

「その金でアパート建てましょうや」

うん、アパートなら話は別だ、と和久井は思った。

「京都は大学が多いから、学生ですぐいっぱいになるよ」

「ほんま？」

女主人は、なぜか和久井を見た。まだ学生っぽいからだろうか。

「ええ」なんて、和久井もうなずいてしまった。

「その金でまず将来の不安をなくして、それでもう一度ジャズを勉強して、日本のサラ・ボーンになるってのはどうかな」

「そんなことできんの?」

「うーん」

「なんや、でけへんこと言わんといて」

「サラ・ボーンになるところまでは、ちょっと……」

「ふん。ほな、アパート建てて、安定収入ってところまででええわ」

「それは大丈夫」

「ほんま?」

女主人の顔が明るくなってきた。

「ああ、保証するよ。それで、ここは大家と相談して転貸ししちゃいましょうや。場所は悪くないんだから、飲食業の借り手はありますよ、味さえまともなら」

「そんなにまずかったん?」

オヤジはうなずいた。

「さっさと家賃収入に切り替えてくださいな」

女主人は、ぽかんとした顔をしている。

「まさか、人のこと担いでるんとちゃうやろね」

「ご心配なさるな、こいつがちゃんとやりますよ」

いきなり肩を叩かれた。びっくりして、思わず和久井は男の顔を見た。

「おい、何してる、名刺出しなさい。口座開いて預金した上で、融資も頼むっておっしゃってんだ」

和久井は我に返って名刺を出した。

「ああ、洛信さんかいな」

女主人は名刺を見て言った。名前は知っているらしい。和久井は、ほっとした。

「看板は、よお見かけるわね」

「よろしくお願いします」

と言ったものの、融資はかなり厳しいのではないか。担保となるものがなかった場合、六千万も出せないにちがいない。

「でさ、お姉さんは昔旦那と住んでたところに住んでるの？」

「そうよ。旦那のほうが出ていっちゃって、女と暮らしてるからね」

「そうなんだ。一戸建て？　それともマンション？」

「一戸建て。だからひとりだと寂しくてね。掃除も大変やし」

「地面はどのくらいあるの」

「五〇平米くらいやろか」

「だったら、これから建てる物件の一部屋をご自分用にちょいと広くして、そこに住んじゃえばいいじゃないですか」

「ああ、そやねえ」

「お子さんは？」

「一人娘」

「ほお、京都にお住まい？」

女主人はうなずいた。

「京都で生まれたさかい、京都以外では、よお住まへんのよ」

「なるほど。離婚するに当たっては、お嬢さんは何か言ってた？」

「娘はもうカンカン。父親にも相手の女にも」

「まあ、女の子というのはそういうものだね。こういう場合は母親に同情的になるのがフツーだから」

「なんや、息子やったらなに、お父ちゃん、さすがやな若い女とうまいことやって、隅に置けへんな、男冥利《みょうり》に尽きるわ、みたいなこと言うたりするの？」

「いやいや、別にそんなことは……ははは、いや、もちろん男の俺だってヒドいと思いますよ。いや、ヒドい。人間じゃないね、こんないい女をほったらかして、若い女と、うん、羨ましい……じゃなくて、けしからん」

女主人の顔が険しくなっている。

「まあまあ、で、話を戻すとね、お嬢さんと一緒に住めばどうですか。お嬢さんのお仕事は？」

「看護師」

オヤジは指をぱちんと鳴らした。

乾いた、いい音だった。

「いい。とてもいい。どこにお勤め？」

「京都みなみ病院よ」

「素晴らしい」

「何が？」

「看護師も、みなみ病院も、どちらもワンダフルだ。とにかく、骨でも折ったらよろしくお願いします。じゃあ、そろそろ僕たちはこれで」

オヤジはいきなり腰を上げた。いつの間にか、「僕たち」とひとくくりにされているのが気になる。

「すぐにまたお会いすることになると思いますが」

オヤジは和久井の腕を取って引っ立てた。そして自分は、さっさと店の外に出た。

女主人は「はーい、お勘定」と言って、テーブルの上のレシートを取ってレジの前に立つと、「パスタ定食ふたーつ」と打ちはじめた。

和久井はまんまと、ふたり分の食事代を払わされた。

これって食い逃げ？　一瞬そう思った。しかし、それにしては凝りすぎている。財布を尻のポケットにねじ込みながら店を出ると、オヤジは逃げもせず、ニヤニヤ笑いながら立っていた。

「しかし、まずかったな」

同意を求めるようにオヤジはまた笑った。

「食えたもんじゃないぞ、ありゃあ」

確かにまずかったが、その共通体験をもとに仲間にされるのはさっきから危険な気がしていた。

「どこか、そこらへんのそば屋で食い直そうや」

そう言って、オヤジは先を歩きだした。

そば屋に入り、注文をすませると、和久井はスマホをつかんでいちど外に出て、店先で田中主任に電話を入れた。

変なオヤジのことは話さずに、たまたま入った喫茶店の女主人と世間話をした流れで、こういう案を出してみたのですが、とおずおず打ち明けた。

「なるほど、いけるかもしれへんな」

田中主任の反応は意外にもよかった。しかし、

「けど、最終的には審査部の了解がいるで」と後がついた。

確かに、六千万円の融資ともなれば、支店長の決裁というわけにはいかず、案件を本店の審査部に送らなければならない。審査部というのは、いろいろと思いがけない穴を指摘してくるものだ。いけると踏んでダメ出しされたら、また評価が下がると和久井は不安になった。

「それに、安定収入が不安定なのがネックやな。そのへんは審査の神部《かんべ》はうるさいで」

それは和久井も気にはなっていた。とりあえず、わかりましたと言って切ると、また店内に戻った。

店に入ると、注文した蒸籠《せいろ》がすでに来ていて、オヤジは箸《はし》でそばを持ち上げていた。

「いけるかも、とのことです」

腰を下ろすと、和久井はまずそう報告した。

「いけるさ」

そう言って男はズルズルとそばをすすった。

「ただ、安定収入がないのが問題になるかもしれないと言われました」

オヤジは薄く笑ってそばをつゆにつけている。

なんだよ、どうやって乗り越えればいいのかの案もなしに安請け合いしてるのかよ、と和久井は腹立たしくなった。

和久井のスマホが鳴った。田中主任からだった。

「もしもし」

スマホを耳に当てながら、また和久井は店を出た。

〈ああ、いま見崎優子《みさきゆうこ》さんという人から電話があった。府立医大の近くで喫茶店やってるゆう人や〉

「はい」

あの女主人だ。なんだろう。苦情だろうか。

〈和久井健太という職員がほんまにいるのかどうかを確認してきたで〉

「はい、さっき話したのはその方です」

〈電話を取ったのは、たまたま店に戻ってた佐久間でな。二千万預金して、六千万円融資してもらえるのかとか言うてはったけど〉

和久井は冷や汗が出た。そんなところまで話してるのか。

〈佐久間は、とりあえず和久井から連絡させます言うて切ったそうや〉

「はい」

〈審査も通らんうちに、あんまり期待持たせたらあかんやんか〉

「すみません」

また和久井は店先でペコペコと頭を下げながら電話を切った。

「乗り気だってことだよ」

店に戻ると、そば湯を猪口《ちょこ》に注ぎながらオヤジが事もなげに言った。

けれど、安定収入が、審査が、と和久井が言いかけたとき、オヤジの手が目の前に伸びてきた。

「俺にも名刺一枚くれないか」

和久井はあわてて名刺を出した。

「和久井健太君ね、何年目だ？」

「三年目です」

「そうか、俺って金貸し業に向いてるんだろうかとか、いろいろ悩む頃だよな」

ドキリとした。

「けど、自分にはいったい何が向いているのかを考えると、ハッキリしたものは何もない」

そう言って、オヤジはニヤリと笑った。こっちの心中を見透かされているようで気味が悪い。

「二年店舗にいて、今年から外回りか」

和久井はうなずいた。

「まあ、がんばれ。金貸し業で、外回りやらないで出世する奴はいないさ。特に信金なんてのは外回りが命だろ」

あの、と和久井が話を遮った。

「審査は、まあ大丈夫だよ」

また先を見越したようにオヤジは言った。

和久井は正直に不安を打ち明けた。

「融資の件は、審査を通らないとなんとも言えないじゃないですか」

「そりゃそうだ」

「そりゃそうだって、そんな無責任な。安定収入の件で疑問視される可能性だってあるのに」

オヤジは和久井の蒸籠を、ついと前に指で押し出した。

「まあ食えよ。ここはなかなかうまいぞ」

そう言って、また笑った。

「あのマダム、娘がいるって言ってただろ？」

和久井がそばを一口啜《すす》ったとき、オヤジが言った。

「ええ」

「看護師だと年収で三百万ほどあるはずだ」

「はい」

「一緒に住むんなら、審査部には、ここは世帯で見てくれと言え」

なるほど、と和久井の箸は思わず止まった。

「まあ、食いながら聞いてくれりゃいいよ」

和久井の箸がまた動く。うまい。

「つまり、世帯で見れば純資産はかなりある。それからフローの金もオーケーだ。みなみ病院が明日つぶれるなんてことはないだろ。つまり定期収入も安定性もばっちりだ」

和久井は感心した。

「大丈夫、通るよ」

男はニヤッと笑った。

「いいか、貸借対照表だけ見ても出てこない情報ってのがあるんだよ、それをちゃんと拾っておくんだ」

なるほどと和久井はうなずいた。しかし、不安がすべて払拭されたわけではなかった。

「審査を通すのは初めてか」

和久井は、そうですと言った。

「融資案件の審査をする人間には、だいたい二種類ある」

興味深い話である。

「基本姿勢は前向きで、融資することを前提にして、落とし穴がないかをていねいにチェックする奴か、とにかく難癖つけることで自分の存在証明を誇示しようとやっきになっているケチくさい野郎か、だ」

わかる気がした。

「どっちが審査部の人間として優秀かは、言うまでもないよな」

そりゃそうだ。

「で、本社の担当はどっちのタイプだ？」

「わかりません」

正直に言ったつもりだった。

「初めてだものな」

オヤジはまた笑った、そんなものどうってことないさ、というふうに。だんだん和久井は、このオヤジの笑いが頼もしくなってきた。

「でも、神部さん、あの、うちの本店の審査の人の名前なんですが、かなり厳しいって評判です」

「厳しくない審査ってのも問題だからな」

　オヤジはテーブルに置いてあったうちわを揺らしながら、また笑った。

「とにかく、そういう審査の人間は大事にしたほうがいい。で、当然、向こうは毎月の定期収入が不安定だってところは突いてくる」

「はい」

「審査部なら突かなきゃ嘘だ」

「で、そのときは、お前は、あって驚いて、すみません、おっしゃる通りですよね。ご指摘ありがとうございます、ちょっと考えますって、いったん引き下がるんだよ」

「え、押さないんですか」

「いったんはな。それで、一日か二日おいて、娘さんも入れて世帯で見た場合は、このくらいのキャッシュフローがありますけれど、これではいかがでしょうか、って再度審査を頼むんだ」

「それは、つまり、つまり――」

「つまり、一度は審査部に花持たせてやるってことだ」

「なるほど。喫茶店もゆくゆく人に貸すので、その家賃収入も入る」

　少し元気になった和久井が言った。

「そうなったら完璧だな」

「ありがとうございます」

「じゃあ、海老天食っていいか」

「え、……ええ」

「お姉さん、海老の天ぷらをこっちにひとつ」

どうやら、ここの勘定も自分に持たせるつもりらしい。もっとも、もらった情報の価値からいうと安いものだ。いや、安すぎる。そもそも、この男はいったい何者なんだろうか。金融コンサルタント？　だったら、飯代をたかるというのは筋が通らない。

そんな推理を働かせていると、オヤジは驚くべきことを言い放った。

「いやあ、兄ちゃんが現れてくれて助かったよ。あんまり腹が減ったから、さっきの店に入ったんだが、誰も客がいないんでさ。それもそのはずだよ。あんな味じゃ客が寄りつくはずもねえや。食い逃げするのも気の毒だし、皿洗いで勘定払うっていうほど洗わなきゃいけない皿もたまってなさそうだしな」

「ひょっとして……」

「ああ、無一文だ」

オヤジは堂々としている。

「金融マンじゃないんですか」

「金融マンが平日の昼間に、こんな格好でぶらぶらしているわけないだろう」

まあ、そうだが、それを自慢げに言うのもどうかしている、と和久井は思った。

「ただ、金貸し業はあんたよりは詳しいよ」

どうやらそうらしい。和久井はうなずいた。

「お名前を伺っていいですか」

「名前かあ」

男は、そば屋の窓から外を見た。鴨川の流れに沿って、しだれ桜がはらはらと花びらを散らしている。

「桜」

「桜、桜さんですか」

「ああ、桜四十郎《しじゅうろう》、……といっても、もうすぐ五十郎《ごじゅうろう》だがな」

オヤジは顎《あご》の無精ひげを撫でた。

「桜さん、本当にありがとうございました」

和久井はそば屋のテーブルに両手をついて、深々と頭を下げた。


一月《ひとつき》ほど経った。

和久井は休日に、二階の廊下に置いてあったロードバイクを降ろし、北山にハンドルを向けて、府道四〇号線を北に走った。

きれいな渓流を見ながら、山懐《やまふところ》に入っていくと、空気が徐々に澄んでくる。鶯《うぐいす》をはじめとした春の鳥がしきりに鳴き、足元を流れる水が陽光をきらめかせた。

鞍馬《くらま》を過ぎて、本格的な登りに備え、和久井はボトルに手を伸ばした。

審査は、ほぼ通る見通しがついた。

それだけではなく、ここまでの展開があまりに桜さんの予見通りになったのに和久井は驚いた。

「あかん」

審査部の神部さんは、いったんはＮＧを出した。

「話にならん」

「わかりました」

和久井は引き下がり、数日後にまた本店に出向いて、安定収入を世帯で見てくれれば、こうなりますと説明した。

神部さんは腕組みをしながら聞いていたが、説明を終えると「なるほど」と言った。

そして、和久井が出した書類をしばらくじっと見ていたが、

「よし、それならええ」と通してくれた。

「通ったんか」

北大路支店に戻ると、いつもは嫌味ばかり言う田中主任が感心した。

それ以上に喜んでくれたのは、例の喫茶店の女主人、見崎優子さんである。

「あんたのおかげやでー」と涙まで流してくれた。

「いや、僕のほうこそ、預金もしていただいた上に、融資もさせていただいたのですから、お礼を言わなきゃいけません」

和久井も、そう言って頭を下げた。これまで小言を食らって平身低頭することはしょっちゅうだったが、このように心からの感謝とともにお辞儀をするのは久しぶりで、また格別だった。自分が可憐なしだれ桜になったような気がした。

なんだ、金貸しもここまで感謝されたりするんだ。こんな仕事でもいいことはあるんだなと思った。そういうふうに素直になれるところもまた、和久井の持ち味である。

後ろから京大のサイクリング部が、どうもーと抜いていった。

和久井も抜かれながら、うぃーす、と答えた。

自分のペースでこの登坂《とはん》を楽しもう、和久井はそう思ってギアを軽くした。自分の脚力を知らずに、無理してペース配分を乱すと、この前みたいに途中で足を着くことになる。遅くてもいい。けれど、足を着くのはよくない。大事なのは、激坂でもペダルを回し続けることだ。和久井は自転車乗りとしての自分のテーマをそう決めた。

前回、思わず足を着いた坂が壁のように迫ってきた。和久井はもうひとつギアを軽くした。そしてペースを落とし、脚への負担を軽くした。苦しいからといって短時間で一気に登り切ろうとすると、かえって走りが滅茶苦茶になり、登り切れないことがある、そういうこともわかってきた。

今日はなんとか足を着くことなく、この坂をこなすことができた。

気になっているのは、桜四十郎というあのオヤジさんに礼を言えないことだ。

連絡先を聞いたときには、「まあいいじゃないか。一期《いちご》一会《いちえ》ってことで」とはぐらかされた。

和久井のほうからは名刺を渡しておいたので、飯でも奢《おご》れと向こうからコンタクトがある気がして、それ以上は追及しなかったのだが、それっきり桜さんからは何の音沙汰もなかった。

加えて、あの人に問いただしたいこともあったのだ。

確かに見崎さんの案件については、桜さんの予想はズバズバと的中した。けれど、こだま屋の件は逆効果になった。

言われた通り、佃煮店のこだま屋に顔を出して「お元気ですか」と挨拶してみたのだが、主人は露骨に顔をしかめた。

「もう、ええかげんにしといてえな」

それでもめげずに、近くを通るたびに何度か顔を出したのだが、返ってくるのは皮肉と当てこすりくらいだ。

頂上に着いた。和久井は残りのドリンクを飲み干した。ここからはひたすら下っていくので、水分補給はしなくていい。途中の鞍馬駅の前で自動販売機から何か買って補給をすれば、わかば寮までは充分もつ。

和久井はウィンドブレーカーを羽織って、ジッパーを引き上げると、ゆるゆると下りはじめた。

下りの山道は、調子に乗ってスピードを出すと危ない。このことは自転車仲間ではよく言われている。特に林道のカーブで急に姿を現したバスと正面衝突すると、もう洒落にならない。そしてこの道は、路面のコンディションもあまりよくなかった。

鞍馬駅で自転車を停め、大きな赤い天狗を拝んで、駅舎に置かれた自販機に向かうと、赤く塗られた自販機の横に赤いロードバイクが停まっていた。

「花脊峠は、ここまっすぐでええのかな」

きれいな声に振り向くと、若い女がジャージに身を包んで立っていた。かけているサングラスに杉木立とその上の青い空と白い雲が映っている。

「ええ、この先、まっすぐです。ゴール手前で二股に分かれるところがありますが、それを左。右に行くと百井峠なので注意してください」

「ありがとう」

女はスポーツドリンクを自転車用のボトルに移し替えると、それをケージに差し込んで、サドルに跨《また》がった。そして、ペダルを踏み込むと、軽くダンシングしながら、国道四七七号線、通称〈国道死《4》な《7》な《7》いで〉を登っていった。

うーん、と和久井は思った。

後半にかけてきつくなるから最初はトバしすぎないようにとか、アドバイスしてあげればよかったかな、などと考え、なんで俺はそんなお節介を焼こうとしたのかとまた考えた。

サングラスとヘルメットに隠れてよくわからなかったが、あれはひょっとしたらひょっとするのではないか。鼻筋はこの峠のように勾配が高く、口元は引き締まって知性を感じさせた。たぶん相当に乗り込んでいるであろう引き締まった身体のラインも魅惑的で、サドルは高く、ハンドルは低く遠く、長い手足がよく映えるセッティングだ。

「いい」

コーラを一口飲んで和久井はつぶやいた。

よけりゃ、なんだっていうんだ。そんな疑念がすぐに湧《わ》いたが……。

市内に戻ってきて、川沿いのサイクリングロードを軽く流しているときだった。

ブルーシートで囲まれた段ボールハウスが並ぶ橋梁下に、府の職員がやってきて、ホームレスたちにハウスを撤去するよう求めていた。

そのホームレスの集団を背後に従え、腕組みをして交渉の前線に立っている男がいる。

サドルの上で和久井はあっと声を上げた。

「なるほど、自立支援センターね。そこに行けばとりあえず今日の寝座《ねぐら》は確保できるんだな。ただ、その後の職安との連携なんかはどうなってんだ」

この代表に対して職員は、ホームレス自立支援特別措置法や自立支援センターなどの単語を並べて、けんめいに撤去のほうへと誘導している。

「確かに、俺はともかく、若いのは社会復帰したほうがいいよな」

桜さんの背後には、年の頃なら学生と見受けられる若者も交じっていた。

「まあ、俺たちの姿は観光客には見せて都合のいいもんじゃないから、とりあえずバラそう。もっとも、嫌だと言っても強制的に排除されるだけだからな」

この人はホームレスだったのか。

「桜さん」

河川敷の住人が段ボールハウスを解体しはじめた頃合いを見計らって、和久井は声をかけた。

桜さんはしげしげと和久井を見て、

「おお、一緒にまずいパスタを食った兄ちゃんだ」

「その節はどうも」

和久井は礼を言った。

「なんだその格好は？　信金辞めて競輪選手になったのか」

「これは、ロードバイクです」

「だからなんだ」

「競輪の自転車じゃないんです。舗装された道路を速く走るためのバイクです」

「じゃあ競輪はトラックバイクなんて言うのかい？」

妙に理解が早いのだが、こっちの方面に話題を向けるわけにはいかなかった。

「それより桜さん、こんなところで何やってるんですか」

「いや、少しの間、ここにやっかいになってたんだが、ご覧の通り撤去を求められてな」

話が通じないので和久井は戸惑った。どうして融資に関してあんな的確なアドバイスができる男が、ホームレスをやっているんだ。

「どうなった？　あの喫茶店のおばさんの件は」

桜さんが訊いた。いつの間にか、お姉さんがおばさんになっている。

「俺、その件で礼を言いたかったんですよ。実はうまくいきそうなんです。ありがとうございました」

「そうか。じゃあ若いの、飯でも奢れや」

桜さんは単刀直入に言った。

「いいですよ」

ランチぐらいは喜んでご馳走しよう。こちらも北山を走ってきたので空腹だからちょうどいい。和久井はロードバイクを川沿いの道路に担ぎ上げて、上から河川敷を眺めながら桜さんを待った。

桜さんは、仲間に挨拶をしている。やがて土手に登ってきた。和久井はロードバイクを押しながら桜さんと肩を並べ、川下のほうへぷらぷらと歩きだした。

「何が食べたいですか」

「そうだなあ、なんか下品なものが食べたいな、ラーメンとか」

和久井はそのぞんざいな物言いの中に、こちらの財布をあまり痛め付けないような気遣いを感じた。

「ラーメンですか」

「おう、半チャン付けてくれれば嬉《うれ》しいな」

和久井は思い切って言った。

「桜さん、俺んちで食いませんか」

「お前んち？」

「ええ、肉買って帰って、焼き肉にしましょうよ」

「そりゃあ名案だ。でも部屋に匂いがついちゃわないかな」

「いいんです、そんなの気にするようなところじゃないですから。じゃあ、この先にスーパーがあるので寄ってきましょう」

「よっしゃ。ついでにビールも買ってくれ」

桜さんはちゃっかりそう付け足した。


「こんなあばら家ですが、くつろいでください」

わかば寮に桜さんを案内した和久井は、共同台所のテーブルの席を勧めた。

「俺んちに比べりゃ宮殿だ」

桜さんは笑いながら腰を下ろした。そりゃそうだろう。いくらぼろ家でも、段ボールハウスと一緒にされたらたまらない。

桜さんは、歴代の住人の煙草の脂《やに》や油がべっとりと染み込んだ台所の壁を見て、

「まあ確かに、焼き肉の匂いなんか気にする必要はないみたいだな」とまた笑った。

和久井はスーパーで買ってきたキムチを小鉢に盛って突き出しとして出すと、ずっと前に王将の餃子を持ち帰ったときに付けてもらった割り箸を添えた。そして冷蔵庫

から缶ビールを出した。

「缶のままでいいですよね」

「もちろん」

割り箸をぱちんと割って桜さんが答えた。

「それにしても、独身寮なのにいやに静かだな」

和久井が、このわかば寮にいるのは自分ともうひとり先輩だけなんだと説明すると、

「じゃあ、そいつにも交じってもらって一緒に食えばいいじゃないか」

キムチに箸を伸ばして、桜さんが提案した。

いや実は、と和久井は言いよどんだ。

「病気なんですよ」

「何の？」

「鬱病《うつびょう》を患って、休職しているんです」

「そりゃいかんな。いまも？」

桜さんの表情から豪放磊落《らいらく》な気配が消えて、神妙な面持ちになった。

「ええ、ずっと部屋で寝てるんです」

「でも、一応、声かけてやれよ」

「それは無理ですよ」

「まあ、一応さ。さぁ、行ってこい」

そう尻を叩かれ送り出されたので、和久井は階段をギシギシ軋《きし》ませながら二階へ上がった。

「目黒先輩、知り合いが来てるんですが、一緒に焼き肉食いませんか」

部屋の前に立って、ノックをしてからそう声をかけてみたが、案の定返事はない。

台所に戻ると、桜さんはカセットコンロに網をかけ、カルビを焼きはじめていた。

「どうだった？」

和久井は首を振った。

「かわいそうにな、まじめな奴なんだろう。じゃあ、申し訳ないけど俺たちだけでやるか」

桜さんは缶ビールのプルリングをプシュッと抜いた。これに倣《なら》って和久井もプシュッとやった。

「どうだ、佃煮屋のほうには顔出してるか」

網の上のカルビを裏返しながら、桜さんが訊いた。

はい、と答えつつ、和久井は思い出した。こだま屋の件では、桜さんの予想は見事に外れたのだ。

「ご主人、なんか言ってないか」

「言ってます。嫌味を」

「はは、口利いてくれるだけいいじゃないか」

「それはハードル下げすぎですよ」

「じっくり上げていきゃあいいんだよ。うん、このカルビなかなかいけるな」

「とにかく、うちともう一回取引してくれるって兆しは、いまのところゼロですね」

「当たり前だ、そんなに簡単にいくか。――もう一本ビールもらうぞ」

「どうぞ。でも、忙しいのに時間をやりくりして顔出して、嫌味だけもらって帰ってくるのって結構きついですよ」

「どんな嫌味だ?」

「あんさん、そないにうちと取引したいんやったら住菱銀行に転職しはったらどないでっしゃろ」

こだま屋の旦那の口真似をして、和久井は言った。

桜さんは、京都の商人《あきんど》はきついなー、と笑っていたが、ふと真顔になって、

「それはいい兆候かもよ」と言った。

「いや、よくないです」

「なんで」

「僕、住菱銀行落ちたんですよ」

あはは、と桜さんはまた笑った。

「でも俺の見立てじゃ、それはな、住菱の担当者が顔出してないってことだ」

「え」

「これだけ金利下げてやりゃあ大丈夫だって、高くくってるんだよ」

まさか、と思った。

「ところが、京都の商人《あきんど》はんは気位《きぐらい》が高いからな。そういう、人を甘く見る態度は禁物だ。お前の前任者はよく通ってたんだろ？」

「ええ、仁科さんはとにかくマメに顔を出すので有名でしたから。もう亡くなったんですが、奥さんの誕生日まで覚えてたそうです」

「じゃあ、その差は明白だろうな。ひょっとすれば、ひょっとするぜ」

和久井はここで、前からの疑問を打ち明けた。

「桜さんって、いったい何者なんですか」

桜さんはニヤッと笑ってビールを飲んだ。

「あんなところでホームレスやってるなんて」

「まあ、ちょっと金が底をついたからだよ」

「どうして働かないんです」

「まあ、そのうちな」

「前の仕事はなんですか」

「土方とか、植木屋の見習いとか」

「その前は？」

「ま、野暮はよそうや」

「そんな……」

「いいじゃないか、こんなうまい肉食ってるんだから。つまらん話をさせんな」

「僕はつまんなくないですよ」

「俺はつまんないね」

「じゃあ、なんの話ならいいんですか」

「お前、彼女いないのか」

「いません」

「欲しくないの？」

「そんなわけないじゃないですか」

「彼女にしたいって女もいないのか。職場結婚って多いんだろう？」

「職場にはいないんですが……」

和久井の脳裏に、学生時代から想いを寄せている白崎葉子が浮かんだ。

「俺みたいなのは駄目ですよ」

「なんで」

「なんでって言っても、もう知り合ってから長いんで、相手が俺に興味がないってことはわかるんです」

「はーん、学生時代からなんだな」

和久井はうなずいた。

「なんで、お前じゃ駄目なんだ。しがない信金マンだからってお前が勝手に決めてるだけなんじゃないのか」

図星を指された和久井は無意識に話をそらした。

「それに共通の知り合いもいるし、無駄な告白して雰囲気悪くなるのもつまらないじゃないですか」

桜さんは、ふーん、そんなもんかねえ、と言って缶ビールを呷るとニヤッと笑った。その笑いに、まあそこはこれ以上追及しないでやるよ、といった寛容さが感じられた。が、またしばらくすると、ホルモンをつつきながら桜さんは言った。

「俺は周りの連中の振る舞いなんか気にせず、告白したほうがいいと思うけどな」

和久井は答えず、カクテキを頬張った。

「お前のように、とりわけ二枚目ってわけでもなくて、金もそんなに持ってないけど、ちゃんと女を口説くことができたら、仕事もできるようになるぜ」

「仕事のために女をつくれって言ってるんですか」

「それはちがうな」

「どう違うんですか」

「そのふたつは同じなんだ。仕事も女も、お前の人生を生きるってことにほかならないんだよ」

なんだか、わかったようなわからないような物言いである。よし、だったらこの線でもう一度桜さんの過去をほじくり返してやろう、と和久井はたくらんだ。

「桜さんはどうなんですか」

「何が？」

「モテましたか」

仕事と異性関係が同根だという持論なら、女性関係を追及したら、桜さんの仕事が何かわかるかもしれない。和久井はとりとめもなく、そう思った。

「そうね、俺はそこそこモテたよ」

「言いますね」

「おうよ」

「やっぱりモテたのは仕事ができたからですか」

「うーん、まあなあ、仕事はできるばかりが能じゃないんだよ」

あれ、と和久井は思った。急に歯切れが悪くなったぞ。

「なんですか、それは」

「仕事はできないほうがいいこともある、大局的にはな」

「できないほうがいい仕事って、どういうものですか」

「お前『レオン』って見たか」

「映画ですか。ええ見ましたよ」

「あいつが有能なばっかりに、人がたくさん死んだろ?」

「なに言ってんですか、あれは殺し屋じゃないですか。それに主人公が優秀だから少女は生き延びられたんです」

「あ、そうか」

桜さんは、あっさり納得した。

「じゃあ、アインシュタインたちがあまりに優秀だったから、マンハッタン計画が進行し、原爆が投下されて広島長崎で多くの人が死ぬことになった。これはどうだ?」

「それ、桜さんに全然関係ないじゃないですか」

「たとえ話だよ」

「でも、原子力の平和利用って道も開けてるわけですよね」

「そんなこと言ってるうちに、福島でどえらい事故が起きたぞ。つまり、知恵ってのは悪知恵と背中合わせってことなんだよ」

わからないので、からめ手で攻めることにした。

「桜さん、モテたって言ってましたけど、モテたって過去形でしたよね。今はどうなんですか」

「確かに最近は……ご無沙汰だな」

「今は独身なんですか」

「港々に女あり」

「なんですか、それは」

「映画のタイトルだ。ハワード・ホークスって名匠の。お前、映画見ないのかよ」

「あんまり見ませんねえ」

「駄目だなあ」

どうやら桜さんは映画好きらしい。

「なんか映画って、勿体つけて結構な金取る割にはつまんないものが多い気がするんですけど」

「そりゃ、お前の選択が悪いんだ、俺が選んでやるから、それを見てみろ。面倒だが、俺も一緒に見て解説してやる」

面倒などと言っているが、自分が見たい映画を見せて映画代を払わせる魂胆《こんたん》らしい。

「自転車転《ころ》がすのもいいが、映画とか絵画とか文学とか、若いうちに美的感受性を養っておいたほうがいいぞ。ちょっともう手遅れかもしれんがな」

「でもテレビでドラマは見ますよ」

「け、くだらねえ。そんなもの見ても時間の無駄だぞ」

テレビドラマは嫌いらしい。

「そうですか、僕は好きですね」

「なんかいいのあるのか」

「そりゃあ、やっぱり『花の金融マン 松浦秀樹《まつうらひでき》』ですね」

『花の金融マン 松浦秀樹』、通称ハナマツは、大手都市銀に勤務経験を持つ水村洋平の小説を原作とし、水村自身が自ら脚本を執筆する連続テレビドラマだ。

「あれはいい！」

桜さんは意外なことを言った。

「いいんですか」

「おう、俺も大好きだ。もっとも俺がやっかいになっていた川沿いの家にはテレビを持っている奴が少ないんでな、見るのに苦労してる」

段ボールハウスの住人にテレビを持っている者がいることのほうが驚きである。

「俺、ここ数回は録画してますよ。見ますか？」

「え、本当か、それはありがたい。見よう見よう」

デザートにガリガリ君を食べてから、自室の六畳間に桜さんと移動した。敷きっぱなしの布団を押し入れに放り込んで、録画用のハードディスクに保存したデータを再生し『花の金融マン 松浦秀樹』過去二回分を一緒に見た。

元銀行員が原作と脚本を手がけただけあって、銀行の描写は詳細で生々しく、そして大手都市銀を舞台としているから、陰謀も悪だくみもやたらとでかい。これが『ハナマツ』の魅力のひとつである。ダイナミックに展開する激動のドラマは、和久井が生きている信用金庫の世界とはスケールがちがう。そして文句なしに面白い。このドラマを見ていない金融マンはいないと言っても過言ではないほどだ。

いや金融マンだけでなく、松浦秀樹が社内の人間関係や業界のしがらみや因習に煩《わずら》わされながらも、これに立ち向かっていく姿は、業界を超えてすべてのサラリーマンの心をとらえているらしく、大変な高視聴率をキープしている。

主人公松浦秀樹が決め台詞《ぜりふ》として吐く「そのお言葉、倍にしてお返しさせていただきます」は、流行語大賞にノミネートされること間違いなしと噂されていた。

松浦がふと寂しげな表情を浮かべて「オレも薄汚れた金貸しになっちまったもんだぜ」とつぶやくセリフに、

〝タラー、タラリラリント、タラー〟

という哀愁のこもったメロディーがかぶさり、さらに去っていく彼の背中に、中原中也の詩をもじったスーパーインポーズが重なるときに、感動はクライマックスに達する。

汚れちまった悲しみに
今日も小銭のふりつむる
汚れちまった悲しみは
たとえば狐の皮算用

「いいよなー、松浦秀樹、サイコーだね」

桜さんは感に堪えないというように頭を振っている。

理論派だと思ったが案外こういう絵空事も好きなんだな、と思って和久井は安心した。

「いいっすねえ、松浦秀樹。かっこいい。俺も一度は言ってみたいよなあ。『そのお言葉、倍にしてお返しさせていただきます』」

「そうだ」

桜さんがふと思いついたように言った。

「お前もなんか決め台詞あったほうがいいな」

「え、どういう意味ですか」

「『信金マン　和久井健太』ってドラマがあったと思いなよ、俺は映画のほうが好きだが、ここは百歩譲ってドラマでいいや。で、その時、最後にやっぱり決め台詞が欲しいじゃないか」

なんで自分がドラマになるんだとも思ったが、面白いので、

「決め台詞ですか、どんなのがいいですかね」と和久井も調子づいた。

「そうだなあ、お前は松浦秀樹みたいに切れ者って感じじゃないからな」

「まあ、それはそうですが」

松浦秀樹は、原作者の注釈によれば、東京大学経済学部卒でハーバード・ビジネス・スクールへの留学経験もある、つまりは超エリートだ。しかし、そんな絢爛《けんらん》豪華なキャリアを感じさせないほど情に厚く、破天荒に活躍するさまが人気の秘密らしい。ともあれ、松浦秀樹のような切れ味がないとすれば、ここは情熱で勝負するしかない、そう和久井は思った。

「『地獄の果てまで追いかけてやる』ってのはどうでしょうか」

「ばか。それだと街金《まちきん》じゃないか」

「駄目ですか」

「駄目に決まってるだろう」

「じゃあ、桜さん、ひとついいのを考えてくださいよ」

「『信金マン 和久井健太』のキャッチフレーズは、うーん、そうだ、『御役に立てたなら光栄です』ってのはどうだ」

「『御役に立てたなら光栄です』ですか……。なんか、弱々しくてかっこ悪くないですか」

「馬鹿だなあ、こういうのをかっこいいと思わなきゃ駄目なんだよ」

でも、と和久井がすねてみせると、桜さんは真面目に向き直ってこう言った。

「お前、仕事ができるようになりたいか」

「まあ、それはそう思いますね」

「じゃあ、まず困っている人の悩みを解決するってことを心がけるんだな」

「はあ」

「困っている人は世界中にうじゃうじゃいる。確かに、アフリカの飢餓や中東の難民の問題は一介の信金マンの手に余る大問題だ。だけど、平和な国に住んでいる我々日本人の悩みは、難病を除いちまえば、金の問題で解決するものがほとんどじゃないか」

「まあ、それはそうかもしれません」

「だったら、それを信金マンの知識とテクニックで解決してやるんだよ。自分が幸せになりたかったら、まず他人を幸せにするんだな、そうすれば――」

そこで妙なタメをつくってから桜さんは、

「モテるぜ」と言った。

この一言で和久井の六畳間が消えて、そこは鞍馬の駅前に一変した。花脊峠への坂道をあの見事なプロポーションの女性ライダーがダンシングしながら登っていき、振り返ったと思ったら、魅惑的なウィンクを投げかけた。

「なんだこりゃ」

桜さんの声で妄想が破れ、和久井はまたわかば寮の六畳間に戻ってきた。

ふと見ると、和久井が畳の上に積み上げている本の山から一冊引き抜いて、パラパラとページをめくっている。それはＭＢＡ（経営学修士）の参考書だった。和久井は転職も考えて、資格を取ろうと、空いた時間を見つけては勉強しているのだった。もっとも、なかなか前には進まないが。

いきなり桜さんは、その『ビジネスマンのためのＭＢＡ入門　ジョン・スチュアート・御手洗著』をゴミ箱に放り込んだ。

「何するんですか」

「こういう勉強は、あと二年やみくもに働いてからでも遅くないさ」

「ちょっと、待ってくださいよ。俺だって夢があるんです」

「どんな夢だ」

和久井は言いよどんだ。俺の夢っていったい何だろう。考えてみたが、わからない。だから、こう言ってみた。

「とにかく、このままじゃ終わりたくないんです」

ほお、と感心したような顔を見せてから、桜さんはニヤニヤしはじめた。

「それに、学生時代に学んだことを風化させないためにも、勉強は続けたほうがいいと思うんです」

わかった、と桜さんは言った。そして、

「だったら、ほかの参考書にしな」と意外な一言を付け加えた。

「え、どうしてですか」

「いまちょいと覗いたら、あの参考書、ポートフォリオの解説間違えてたぞ」

「そんなわけないでしょう」

「なぜそう思うんだ」

「このジョン・スチュアート・御手洗って人は、『報道チャンネル』で経済関連のレギュラー・コメンテーターを務めているんですよ」

「おお、それはヤバいな」

「松浦秀樹と同《おんな》じで、ハーバード・ビジネス・スクールだって出てるんです」

「HBSだって？　だったら、その経歴はガセだ」

和久井は思わず笑った。

いくら銀行業務に詳しいとはいえ、そこまで断言できるはずがない。

なかなかはったりが利いたオヤジだな、と思った。そんなところも面白い。見ると桜さんも笑っている。

「桜さん」

「おうよ」

「ここに住みませんか」

「ここに、俺が？」

「ええ、この寮の住人、僕のほかはあの目黒先輩だけなんです。管理人も月に一度しか来ないので、親戚がたまたま泊まりに来ていると言って誤魔化すのは簡単だと思います。実際、東京の友人が京都見物するんで、宿代わりに泊まっていったことは何度かありますし」

桜さんはふーんと言っただけだった。

「何があったかは知りませんが、桜さんだって段ボールハウス暮らしが好きってわけでもないでしょう。もし、一緒に暮らしてくれたら、家賃はゼロで、家での飯代は僕がなんとかします」

「で、俺は炊事と掃除と洗濯をすればいいのか」

「ちがいますよ、教えてほしいんです」

「ほう、何を」

「いろいろです」

「映画とか」

「例えば映画も」

「モテる方法とか」

「それもいいですね」

「で、料理」

「桜さん、いつになったら金融業のことが出てくるんですか」

「ああ、それは教えてやれると思うね」

「よろしくお願いします」

和久井が垂れた頭を起こして前を見ると、桜さんは顎の無精ひげを撫でながらニヤニヤしていた。

こうして和久井と桜さんの共同生活が始まったのである。

夏 二章

時は金なり、信用は金なり

資産がなくても融資は通る！
「日本政策金融公庫」を使い倒せ！

「おい、起きろ」

和久井は肩を揺すられて目を覚ました。

「始めるぞ」

桜さんはもう短パンとTシャツを着ている。

「今日もやるんですか」

「愚問だぞ、若いの」

和久井は諦めて起き上がった。

桜さんはすでに、手にiＰｈｏｎｅと携帯用のＢＯＳＥの小型スピーカーを持っている。iＰｈｏｎｅは和久井が前に使っていたものを桜さんにあげたものだ。通信はできないが、ハードディスクとして使えば音楽は聴ける。携帯用小型スピーカーは、もちろん和久井の所有物である。

「行くぞ」

桜さんは先に部屋を出た。和久井はTシャツも着ないで、パンツ一丁で追った。

廊下に出ると、桜さんは目黒先輩の部屋のドアをコンコンとノックして、「よお、一緒にどうだ？」と声をかける。返事はない。桜さんはまた歩きだす。これもまた恒例の朝の行事である。

和久井は寝ぼけ眼《まなこ》のまま共同台所に降りた。

桜さんとふたりで、傷だらけの古い木製の食卓の端を持って、せーのと隅に寄せた。そうして作ったスペースに並んで立ち、桜さんがｉＰｈｏｎｅをいじってＢｌｕｅｔｏｏｔｈで接続されたＢＯＳＥのスピーカーを鳴らすのを待った。

軽快なピアノの演奏が流れ、やたらと元気のいい、

「腕を前から上に上げて大きく背伸びの運動」という声が重なった。

ラジオ体操第一である。和久井は腕を振った。

昨日は支店の飲み会があった。それで結構遅くまで木屋町で飲んでいたから、眠い。一〇分でもいいから寝ていたかった。しかし、桜さんは容赦しない。これをやらないとアドバイスはナシだと脅してくる。実際、桜さんの助言には何度も救われているので、ここは我慢のしどころだと思って、二の腕を耳につけ、横曲げの運動をしていた。

面白いもので、ダルいと思っていた身体も動かしているうちに目覚めてくる。

このラジオ体操のプログラムの後半に置かれている跳躍の運動は、寮の床が心もと

ないので、軽く膝を曲げるだけにしている。そしていつもの通り屈伸、背伸びと移行して、朝の体操は終了した。

よし、と桜さんは言い、ふたりはテーブルを元の位置に戻す。

「オーケー、顔洗ってきな」

桜さんは用意していたタオルを放った。これも恒例となった儀式である。共同洗面所で顔を洗って、タオルを裸の肩にかけ、パンツ一丁のまま台所に戻ると、テーブルには焼き鮭と目玉焼きとおひたしと冷や奴が並び、その横に桜さんが大盛りのご飯をよそって置いた。

席に着くと、桜さんは手を合わせた。

「いただきます」

「いただきます」

和久井も唱和する。

「さ、食おう」

ふたりは箸を取って飯を頬張った。

一緒に暮らしはじめてから、桜さんからいくつかのルールが提示された。

まず金融マンは身体が資本だと説きつけられ、毎朝のラジオ体操が必修科目とされた。そして朝飯は必ず食う。ただし、その調理は桜さんが受け持つということになった。

毎週月曜日に、桜さんに和久井が一万円渡す。その範囲内で桜さんは食材を購入し、調理する。けれど、食べないときは前日までに伝えなければならないし、どんなときでも朝飯は必ず食べるということが一方的に取り決められた。

最初は、金貸し業のアドバイスと引き換えにいたしかたないと思っていたが、深酒をした明くる日の今朝などはつらい。しかし、それでも、次第に和久井はこのリズムに馴染んできた。

食事の前には必ず手を合わせて「いただきます」、食べ終わると「ごちそうさまでした」とどちらも手を合わせる。儀式を重んじるようなところが桜さんにはあった。

「眠いか」

飯を頬張りながら桜さんが訊いた。

「確かに昨夜はずいぶん遅かったな」

「ええ、ちょっと飲んじゃいました」

「まあ、飲むのもいいが、ほどほどにしておけよ」

ときどき桜さんは意外なほど常識的なことを言う。その健康志向は、ホームレスに交じって生活していたとは思えないくらいに強かった。

「また借り換えられたんですよ、俺」

和久井は冷や汁の椀に口をつけた。枝豆が入っている。なるほど、これは夏の風味としてはなかなかイケると思った。

和久井が渡す食費から桜さんが苦心して見繕う献立は、栄養面はバランスが取れていて、味もなるほどと感心するようなものが多い。

桜さんがわかば寮に越してきたとき、ここには簡単な調理器具が数点しかなかった。台所をあちこち見て回った後、桜さんは、とりあえず一万円くれ、と手を差し出した。和久井は財布から一枚抜いてその手に置いた。安いがしっかりとした包丁や鍋、フライパン、フライ返し、菜箸、ザル、丼などをどこからか調達してきた。台所に運んできた量から察するに、とても一万円で買えるはずのない分量だった。

「フリーマーケットで値切って買ったものも、いくつか含まれているのさ」

桜さんはそう言った。

和久井が月々の食費として渡すのは基本四万円、上限で六万円と決めている。その中で毎日二人分の朝晩二食を賄《まかな》うのだから、食材選びには苦労しているはずだ。けれども、近所のスーパーを通り越し、はるばる錦市場まで出かけて高級食材を値切って買ってきたりもしている。錦市場は食通や料理人御用達の高級食材が並ぶ市場である。

「借り換えられるのは確かにキツいが、そんなにくよくよするこたあない」

桜さんはこともなげにそう言った。

「いいときもあれば、悪いときもあるさ」

「桜さんには、そんな誰でも言えるようなことを言ってほしくないですね」

「言うさ。それが真実ならば」

「真実かもしれないけれど、誰もがわかっていることじゃないですか」

「いや、わかってないんだよ」

「わかってますよ」

「わかってない。わかってないから、借り換えられて酒飲んでくだまいたりするんだ」

「いいじゃないですか。俺たちサラリーマンはつらいことが多いんです。たまには酒で憂《う》さ晴らしたって」

「どうせ俺たち信金は、銀行にはかなわないんだってグレてたんだろ」

「そうですよ。金利のダンピングじゃかなわないし、ブランド力でもかないません」

「そこがわかってないんだよ」

「何がです？」

「信金は銀行に成り下がっちゃ駄目なんだ」

「またですか」

和久井はげんなりした。信金は銀行に堕落しちゃいけないってのは、桜さんの口癖である。

「ってことは、信金は銀行より上ってことですか」

「ある意味では」

「じゃあ、どういう意味で？」

「それは帰ってから話す。そろそろ支度しないと遅刻だろ」

そういえばそうだ。和久井はまだ裸だった。ズボンをはき、シャツを羽織って髪を梳《と》かすと、いってきますとわかば寮を出た。

「おう、いってらっしゃい。それからついでに、こだま屋に寄って佃煮買ってきてくれ。せっかくだから本店で買えよ」

ふぁーいと生返事をして、和久井は出ていった。


桜さんは銀行嫌いである。

それはふたりで生活しはじめて、桜さんの〈講義〉を受けてわかってきた。例えば桜さんは、こんなふうに講義を始めたことがあった。

「お前、そもそも銀行ってなんでできたか知ってるか」

「ああ、大学で習いましたね」

「じゃあ、釈迦《しゃか》に説法だな」

「でも、忘れました」

「ばか。じゃあ、質問を変えよう。銀行と信金の共通点はなんだ？」

「金を貸すことですね」

「まあ、そうだよな。でも、銀行が貸しているのは金なのかね」

「金ですよ」

「ちがうね」

「どうちがうんですか」

「あいつらがよこすのは〈金《かね》の引換券〉だよ。それを金《かね》として渡しているだけだ。これを銀行券と呼ぶんだ」

和久井も一応経済学部を出ているので、このあたりは聞き覚えがあった。しかし、聴き方があまり熱心でなかったために、ぼんやりとしかわからない。なぜ熱心に聴かなかったのかといえば、あまりに根本的すぎて、実践には役に立つまいと高をくくってしまったからである。実際、サラリーマンになってみると、このような深い真実ってやつはなんの役にも立たないと身に染みている。

「嘘だと思うのなら一万円札出してみな」

和久井は財布から一枚抜いて、桜さんに手渡した。桜さんは、それをぴっと広げると、福沢諭吉の左隣に印刷されている「壱万円」の上を指差した。

「ほら、ここ見てみろ」

「え？」

「読め」

「日本銀行券」

「だよな」

「何が？」

「つまり、これは日本銀行が発行している金の引換券だ」

「はあ？」

「つまり、紙幣というものの誕生に銀行の本質を読み解く鍵がある」

「どういう意味ですか」

「金、つまりマネーといえば、昔は金貨や銀貨のことを意味したんだ。で、そんな時代には、その金貨銀貨を保管する金庫屋さんがいたんだよな。つまり貸金庫屋さんだ。で、そいつらは『金貨や銀貨をこれだけ預かってますよー』という証明書を金持ちたちに出してたんだ」

「まあ、それはそうでしょうね」

「金持ちがこの証明書を持って貸金庫屋に来ると、証明書と引き換えに自分が預けている金貨や銀貨をいつでも持ち帰ることができる」

「つまり、金貨銀貨の引き出しですね」

「そうだ。この証明書が現在使われている紙幣、つまり〈銀行券〉の元祖ってわけだ」

ふむふむと思って聞いていた和久井だったが、あっと思った。

「桜さん、その一万円、自分のポケットにねじ込まないで戻してください」

「お、すまんすまん。いや、これは次のことを説明しようと思って、わざとやったんだよ」

「どういうことですか」

「つまり、紙でできている紙幣は軽いってことだ。ポケットにねじ込んで気軽に持ち運べる」

「まあ、そうですが」

「例えば、俺とお前が昔々の銀行黎明期《れいめいき》に生きているとしよう。俺が『今日は和久井に肉でも食わしてやりたいな。それから鴨川のホームレスのおっさんたちも招待してやりたい。じゃあ大量の肉を買って、すき焼きパーティにしよう』と言って肉屋に行く」

「高くつきそうですね」

「そこは大盤振る舞いすると覚悟を決めなよ。けれど、奮発するのはいいけれど、遠い肉屋まで金や銀を持っていくのはどうだ」

「重いでしょう、それは」

「そうなんだ。かさばるし、重い。だったら銀行券を持っていこうってことになる。そして、肉屋のほうもこの銀行券を受け取って、まいどーって肉を渡す。大量に肉を買ってもらって肉屋のおやじもホクホクだ。肉屋のおやじは、銀行が開《あ》いている時間ならば好きなときにこの銀行券を銀行へ持っていけば、金貨に交換することができるからね」

「じゃあ、銀行券はお金と同じじゃないですか」

「そう。でも、正確に言えば取り扱いが同じ、つまり同じものとして通用するってことだ。だったら、軽いほうが持ち運びに便利だろ。肉屋のおやじも慌てて金銀に換える必要がない。紙のまま持ってりゃいい。こうして紙の引換券は金貨銀貨と同じように扱われることになった。銀行券が金貨銀貨と同じ意味を持って流通するようになったんだ。さて、ここで問題です。紙の引換券、つまり銀行券の背後にある金貨銀貨を何というでしょうか」

「えーっと、何だっけ？」

「『正貨』といいます」

「いま言おうと思ったのにっ」

和久井は悔しがった。

「じゃあ、『これは紙っきれのように見えますが、いつでも正貨と引き換えできますよー』って通貨は？」

「あ、あう、えっとえっと……」

「『兌《だ》換《かん》通貨』というんだよ。これが、金本位制と呼ばれる銀行制度の基盤だったんだ」

「いま言おうと思ったんですよ」

「そうか、そりゃ悪かったな」

「でも、その説明だと、貸金庫屋つまり銀行の先祖が発行する引換券と、金庫で眠っている金銀は同じでなければならないわけですよね。銀行券は金貨と交換できる証明書なんですから」

「そこなんだ。ここからが本番だ。本来は、お前が言うように、発行した証明書の総金額と預かっている金貨の総金額は同じはずだ。だって、預かっている金銀の証明書なんだからね。ここから増えても減ってもおかしい。だから同じでなきゃまずいだろ？」

「ええ」

「けれど、金貨や銀貨には預けた人間の名前は書いてない」

「まあ、そうですが」

「それに、なんせ重いから、金貨つまり正貨を取りに来る人はほとんどいない。そりゃそうだ。引換券でモノは何でも買えるんだし、金銀は家に置いておいてもかさばるし、だいいち物騒だ。だから、実際はずっと金庫に眠っているわけだ」

　桜さんはニヤッと笑った。

「で、ここで銀行屋は思いついた。『実際に預かっている金貨の総額よりも多くの銀行券を発行しても、バレないんじゃないかなー』って」

「バレなかったらどうするんです？」

　桜さんはまた笑った。

「利息取って金貸しちゃおうかなって思いついたんだよ」

「あー」

「そこで、こっそり銀行券を水増しして刷っちゃって、ホイホイと貸し付けをして利息を取る。それですごく儲かったんだよな。はい、ここでまた質問です。このとき生まれた、お金が増えることを何という」

「えーっと、えーっと、何だっけ」

「『信用創造』だよ」

「いま言おうと思ったのにっ」

「悪い悪い」

「でも、市況に不安が差して、みんなが銀行へ押しかけて、金貨を引き出そうとしたら駄目じゃないですか」

「駄目だよな。それが『取り付け騒ぎ』だよ」

和久井はあっと思った。うっかりしていた。

「いま言おうと思ったか」

桜さんは笑った。

「別に不況にならなくても取り付け騒ぎなんて起こるぜ。Ｔｗｉｔｔｅｒで『洛中信金ヤバいらしいよ』って拡散したら、窓口に殺到するかもしれない。実際、それに似た事件は過去に起こってるよ、ははは」

「笑いごとじゃないですよ」

「だから、法律で規制してるんだ。これを何という？」

「預金準備率です」

「ご名答。だがな、それでも銀行は預金の百倍くらいの金を貸し付けることができる。もっとも、いま銀行ってのは日銀と民間銀行からなっているので、このコンビネーションがちょっと複雑になってくるんだけどな」

日銀ですか、と和久井は言った。経営トップでもない限り、日銀との取引なんて、ほとんど考えたことがない。

「民間の銀行は現金や預金を顧客から預かって、それを企業や個人に貸し付けて利息を得るのが商売だ。けれど、ここで思い出さないといけないのは、銀行が貸し出しているのは預かった金そのものじゃないってことだ」

「どういうことですか」

「現金を元にして〈預金〉を発行しているんだ。つまり預金とは、現金といつでも交換できる証明書と同じ役割を果たしている。ほら、ここでさっき言った金庫屋の引換券と金庫に眠っている金貨との関係が同じになっただろ」

「確かに」

「引換券と金貨が同じでないように、預金と現金も同じじってわけじゃない。ただ実際は、預金と現金は同じように取り扱われる。つまり、預かったお金をそのままスライドして、よそに貸し付けているわけじゃない。預かった現金や預金をてこにして、銀行は〈預金〉を発行してるんだ」

「なるほど。でも、そういうことは信金だってやってますよ。うちも受け入れている預金などの一定比率の金額を日銀に入れてます」

「準備預金制度を適用されてるってわけだ」

「ええ、信金ではいちおう大手なので」

預金残高が一兆六千億円を超える信用金庫は、この準備預金制度の対象となるのである。

「ほお、そりゃ結構な預金額だな。けどな、だからこそ銀行に堕落しないよう注意しなけりゃいけないいんだよ」

この話は、このときはこれでお終《しま》いとなった。『花の金融マン　松浦秀樹』の放映が始まったからである。

ともあれ、どうやら桜さんは銀行が嫌いだということはなんとなくわかった。

一方で、信金は好きなようである。そのくせ、そう説教したあとに、ガリガリ君を舐めながら『花の金融マン　松浦秀樹』を見て感動し、最後の〈汚れちまった悲しみに今日も小銭のふりつむる〉でまた泣いていた。

よくわからないオヤジである。

「最近は、生徒さんも少のうなって困ってるんやわ」

本間先生は麦茶を出しながら、そうぼやいた。

本間路子先生は若い頃に旦那さんを亡くした。それで、幼い頃から母親に仕込まれた着付けを教えて生計を立てようと、最初は市のコミュニティセンターのスペースなどを借りて着付けを教えていた。教え方がじょうずだと褒められたのに気をよくし、そして、幸いにも有名な書家の息子として生まれた旦那さんが、下鴨の蓼倉町《たでくらちょう》にかなりの家屋敷を遺《のこ》しておいてくれたので、その離れを改装して奮起一番、〈本間路子着付け教室〉を開いた。最初は生徒さんの集まりはさほどでもなかったが、本間先生の闊達《かったつ》なお喋りと社交的な性格が功を奏して、だんだんと教室は賑わいだした。全盛期に、信金マンがバイクで本間邸に伺うと、

「ごめん、ちょっと待ってな、いま生徒さんがたんと来てはって、ごった返してますねん」などと言われ、結構な時間を待たされたことも一度や二度ではなかったという。

しかし、それでも、着付けが習い事として流行《はや》らなくなったのか、次第に生徒の数は減っていき、和久井が受け持つようになった最近では、さっぱり生徒が集まらなくなったとぼやいている。

「やっぱりピアノ教室とか英会話やないとあかんのやろか。このままやったら、洛信さんに組んでもろたローンもお支払いでけへんわ」

それは困る。

「でも、山あり谷ありで、もう少し辛抱すればまた生徒さんも集まりだすんじゃないですか」

和久井はそう言って慰めた。しかし、本当にそうなるだろうか、と自分が発した言葉とは裏腹に、和久井の心には不安が募った。

和久井は、本間先生の家の門口に停めた洛中信金外回り用の五〇ccバイクに跨がり、エンジンをかけた。

北大路支店への川沿いの道をゆっくり流す彼の目に、浮かれはしゃぐ観光客の姿が映った。

それにしても外国人客が多い。円安の影響もあり、お隣の中国にも中間層が育ってきたので、日本を訪れる外国人観光客の数は年々増加している。その中でも圧倒的に人気の高い都市が京都だと、先日ラジオのトーク番組で聞いた。

外国人観光客の中には、着物を着て古都の散歩と洒落《しゃれ》込む人がいる。中国人が着物を着て、京の街、たとえば銀閣寺近くの哲学の道なんかを歩く。疎水べりのこの小路には、春には桜や躑躅《つつじ》、秋には楓《かえで》が美しく、ここをしずしずと歩く着物姿の女性の風情を引き立てる。これにぐっときた西洋人が、古風な日本人が着物を着て歩いているのだと勘違いして、やたらと派手な着物を着た中国人観光客をカメラに収める。

最初はどことなく倒錯した世界だなと思っていた和久井も、同じような光景をたびたび目撃しているうちに、慣れてきた。慣れてきた自分が最初は怖かったが、それにも慣れた。

「あれ」

和久井はバイクのブレーキをかけた。

「これ、イケるんじゃ……」

和久井は、高野川沿いの下鴨東通に停めたバイクに跨がったまま、ハンドルの上で組んだ両腕に顎を乗せ、自分のアイディアを検証しはじめた。

「よし」

そう口にして、和久井は身を起こした。そしてキーをひねって再びバイクを発進させると、次の通りでUターンした。

「あら和久井さん、忘れ物？」

玄関口に再び訪れた和久井を見て、本間先生は驚いたような顔をした。

「いや、届け物です」

「届け物？　なんなんそれ」

「アイディアを届けに来ました」

「なに、アイディアって」

「先生、ひとつ民泊やりませんか」

「み、民泊？」

「ええ、いま京都は外国人観光客が引きも切らず押し寄せているんです」

「そんなん和久井さんに教わらんでも知ってるわ」

まあ、京都人なら当たり前だ。

「そこで足りないものが出てきました」

「はあ」

「宿泊施設です。観光ホテルはもちろん、ビジネスホテルにも観光客が泊まっています。それでも足りない。ここは下鴨神社にも近いし、住宅街としても古風です。そして屋敷の造作も、お祖父さんが書家だっただけあって、これまた古風でいい。お部屋もあまってそうじゃありませんか」

「そんな勝手に」

「あまってないんですか」

「あまってるけど」

「外国人の観光客は絶対喜びます。いまはインターネットで検索するから、ホームページだけ作っちゃえばいいんです。外国人のバックパッカーは、安くていい宿をネットで必死になって探してますから、広告なんか打たなくても口コミで絶対に来ますよ」

「ほんま？　ほんまやったら考えるけど」

「そこで、外国人に着付けも教えちゃうんです」

「え？」

「京の街を着物着て散歩しませんかってことで。着物を貸し出し、着付けを手伝う。興味を持った人には着付けそのものも教えちゃうってのはどうです？」

本間先生の目が輝いている。

「民泊用に少し改装する必要があれば、うちにローンを組ませてください。担保はこの屋敷と土地があれば全然問題ありません」

「でも、うち英語が苦手なんよ。中国語なんてニイハオしかわからないわ」

「そんなもの、ボディランゲージでなんとかなりますよ。大丈夫大丈夫」

自分が大変調子のいい人格に入れ替わっている気がした。このお調子者は誰かに似てるなと思った。誰だろうと思ったら、桜さんだった。

「朝ご飯だけ付けて、一泊七千円取りましょう」

和久井は勝手に値段まで決めている。

「そんなら、朝の献立はやっぱり和風がええんやろか。炊きたてのご飯に、焼き魚と煮物と卵と佃煮なんかで」

その声は弾んでいた。

佃煮と聞いて和久井のほうは、こだま屋でちりめん山椒を買ってこいという桜さんの言いつけを思い出した。

正直なところ、こだま屋に行くのは気が進まなかった。桜さんに言われて、その後もちょくちょく顔を見せに出向いたものの、返ってきたのは冷たい眼差しだけだった。和久井はもう、こだま屋と再度取引する可能性はゼロだろうと踏んでいる。だから、こだま屋で買い物などして、これを旦那さんに見咎められ、「もうええかげんにしといてえな」と嫌味を言われるのは勘弁してもらいたかった。

店先に旦那さんの姿はなかった。和久井はちりめん山椒と京昆布のセットを取ると、これ幸いとレジに向かった。しかしその時、和装の主人が店の奥からぬっと現れた。そして目が合った。和久井はとっさに、

「あ、ご無沙汰してます」と言った。

「ご無沙汰してへんがな。しょっちゅう顔だすがな」

「あ、すいません」

「なに謝ってんのや」

「今日も暑いですね」

「そらそうや、夏やさかいな」

「お元気ですか」

「元気やなかったら商売やってられまへん」

こだま屋の主人の声は相変わらず刺々《とげとげ》しい。

支払いを済ませた和久井は、逃げるようにして店の門口へと向かった。その背中に、こだま屋の主人の声が跳ねた。

「まいどおおきに」


「和久井君、今日は冴えてたな」

わかば寮に戻ると、桜さんがミンチ肉をこねこねしながら言った。

「民泊はどう考えても成功するよ。着付けとセットってのが絶妙だし」

「ありがとうございます」

和久井は素直に礼を言った。

「あ、それから、ちりめん山椒と京昆布のセット買ってきました」

「おう、もらおうか」

和久井は鞄から小瓶をふたつ出した。

二膳目は茶漬けにするかな、などと言いながら、桜さんは戸棚を開けて、いま受け取った瓶をしまった。そして、そこからすでに封を切ってある古い小瓶を取り出した。中には七分目ほど残っている。

「あれ、まだだいぶあるじゃないですか」

「いや、まあな」

桜さんは、ちょっとばつが悪そうに言った。

「今日あたり、お前がこだま屋に顔出して、なんか買ったほうがいいかも、と思ったんだよ」

「なんでですか」

「この瓶を俺が買ったときに、ご主人が電話口で小言を並べてたんだ」

「それが何か？」

「まあ、ピンときたってわけだ。お前にもまだチャンスがあるかもなって」

「どんな小言なんです？」

「そこはよくわからないんだけどな」

「こだま屋の旦那さんは、しょっちゅう小言を言う人ですよ」

「でも、『自己資本率がなんやていうんや』とか言ってたからな。そんなややこしい単語は店員に説教するときには使わないだろう」

確かに、と和久井は思った。使うとしたら銀行屋だ。

「だから、まだわからんぞって気がしたんだ」

こだま屋の旦那は住菱に不満があるのかもしれない、と桜さんは読んだ。そこで桜さんは、和久井にこだま屋に顔を出させるためにわざわざ買い物を頼んだらしかった。

この日の夕飯は、目玉焼きがのったハンバーグと、大量のサラダだった。皿を下げた後、桜さんは冷蔵庫から自家製アイスコーヒーのピッチャーを取り出して、グラスに注いだ。レギュラーコーヒーの豆を挽《ひ》いて、濃く淹《い》れたコーヒーを冷蔵庫でキンキンに冷やし、グラスに入れる氷も、アイスコーヒーを製氷皿に入れて冷やしたものを使っていた。料理には手間を惜しまない人のようだ。

「そうだ、桜さん、信金は銀行に成り下がっちゃいけないって意味を教えてくださいよ」

食後の講義の時間に和久井は訊いた。

「そうだな。じゃあ今日はそこにいくか。この間の銀行の成り立ちの話は覚えてるか」

「ええ、大体は」

「そのあたりを振り返って考えると、もともと銀行が金を暴走させる性格を持っていることがわかるだろ。リーマン・ショックなんてまさにそうだ。金を暴走させがちなものがもうひとつある。それが株式会社という仕組みだ。株式会社は大株主の言うことを聞かなければならない。だから、株式会社は短期間で儲かる方法を常に模索している。つまり銀行と株式会社ってのは、儲かりたいな、儲かればなんだっていいじゃん、儲からないとヤバいって姿勢が根底にある。そして、この株式会社という大企業が社会を乗っ取るような状況が起こっているんだよ」

「はあ。でも、いまはどこもかしこも会社って言ったら株式会社ですよ。それに資本主義社会を生きているわけですから、儲けを追求するのは当然ですよね」

「でも、お前んところは株式会社じゃないよな」

「ええ、うちは信用金庫なんで、信用組合、正確には信用協同組合になります」

「じゃあ、なんで信用組合なんてものが生まれたんだ？」

「さあ、でっかい資本金を集められなかったからじゃないですか」

「それだと、大きく集められれば大きくいきたかったのに、それが叶わなかったから信用組合になりましたってことだよな。お前のように都市銀に落ちた、地銀にも落ちた、そして信金ってことになっちゃうじゃないか」

「それが現実ですから」

「それはお前の現実だろ？」

「ええ」

「歴史はそうじゃない」

「歴史？　歴史はどうだっていうんです」

「信用組合は、そういうつまんない発想から生まれたものじゃない」

和久井は少しむっとした。

「つまんなくて申し訳ないんですが、勿体つけないでさっさと教えてくださいよ」

「友愛と共感」

「は？」

「友愛と共感」

桜さんはもう一度言った。

「これが信用組合の根底にあるものだ」

友愛と共感だって？　和久井は思わず失笑しそうになった。

無茶なタスクを押しつけられ、できなければ容赦なく叱責《しっせき》が飛ぶことも多い職場を思い返し、和久井は違和感を感じないではいられなかった。

「イギリスのグレーター・マンチェスターにロッチデールという町があるんだが」

「はあ、いきなりイギリスですか」

「一八四四年にな」

「げっ、江戸時代じゃないですか」

「日本はな。日本のことはあとで話そう。このロッチデールの町の労働者たちが金を出し合って、質のいい生活用品を仕入れて、仲間に安く販売する会社をつくったんだ」

「なんでそんなもの、つくったんですか」

「労働者の置かれている環境がひどかったからだよ。雇用主にいいようにやられてたわけだ」

「どんな具合に？」

「一方的に賃金を減らされたり、物品の売買における取引でも不公平な条件を押しつけられたりしていた。特に食い物。劣悪な食品を不当な高額で買わされたりしていたんだよな。だからまず良質な小麦粉、バター、砂糖、オートミールをなるべく安く仲間に供給するところから、この会社はスタートしたんだ」

「それで桜さんは食事に凝るんですか」

「いや、それは食いしん坊だからだ」

「なんだ」

「そういえば、うまそうな和菓子があるから食ってみるか。コーヒーにも合うって言ってた」

桜さんは戸棚から菓子折りを出した。

いかにも京都の銘店でございますとオツに澄ましたその箱を見て、和久井は慌てた。

「これ、千本玉壽軒《せんぼんたまじゆけん》じゃないですか。駄目ですよ、こんな高いもの買っちゃ」

京都で有名な和菓子屋だが、そんなものを買われたらほかの食材にしわ寄せがくるに決まっている。

「買わないよ、もらったんだ。ちょっとバイトしてな」

「バイト？　何のバイトです」

「その話はまあいいやな」

そう言って桜さんは、フリーマーケットで手に入れた菓子皿を食器棚から出した。

「お、なんか見た目も麗しい菓子だな。名前がいい。『西陣風味』ときたもんだ」

確かに、きれいな菓子だった。たとう紙を縛っている観世よりを解くと、柔らかそうな白生地の肌が現れた。中にはつぶあんが入っているようだ。市松模様の格子柄と京らしい季節の絵柄をあしらった小皿に載せると、食べるのがもったいないくらいだったが、桜さんはさっそく菓子楊枝《ようじ》を突き立てている。

「こりゃうまい」

一口食べて桜さんが言った。

「ともあれ、当時は、資本家の目線から見れば、労働者ってのは使い倒してナンボだったわけだ」

桜さんは話を戻した。

「使い物にならなくなったら、いまでも労働者は切られますよ」

「それはしょうがないとお前は思うのか」

「ある意味では」

「じゃあ、目黒っていったっけ？　上で日がな一日寝ているお前の先輩、あのままだと早晩クビになるだろうが、それをお前はしょうがないと思うんだな」

和久井は黙り込んだ。

気の毒だとは思う。けれど、もう人事部はカウントダウンに入っている。回復する兆しも見えない。解雇は時間の問題だ。そして、そのとき自分が先輩にしてやれることは何も思いつかないのだ。

「まあいいや。話を戻そう。で、自分たちが設立したこの企業の運営に当たって、彼らはルールを作った。中で一番大事なのが、〈一人一票制の原則〉だ。出資者は、どれだけ多く出資していても一票分の決定権しか与えられない。ここが株式会社と大きく違うところだ」

なるほどと和久井も思った。

「株式会社だと『俺はたくさん出資しているから、俺の言うことを聞いてもらう』と大株主が企業を牛耳ることができる。企業がまずい事業をやって社会に迷惑をかけても、『儲かってるのなら、そのままやり続けろ』と大株主が言えば、無茶な意見も通っちまう。『そうしないと株を全部売っぱらっちまうぞ』と言われたら、それはもう強制に近くなるからな」

「それはそうですね」

「さて、この〈一人一票制の原則〉をはじめとするルールは『ロッチデール原則』といった。ほかには『政治的・宗教的に中立でいよう』ということや、『教育を推進していこう』なんてものも盛り込まれている。そしてこの『ロッチデール原則』は、その後の協同組合の基本原則となった」

「その会社の立ち上げには、誰か勢力のある人が関わってるんですか」

桜さんは首を振った。

「この会社の設立メンバーは二十八人。彼らはパイオニア、日本語にすると先駆者を名乗ったので、この会社は〈ロッチデール公正先駆者組合〉と呼ばれたんだ。ただし、この二十八人の中には特に有名な人はいない。が、彼らに強い影響を与えた思想家はいたんだ。それがロバート・オーウェンだ」

「空想的社会主義者の？」

和久井は受験勉強で覚えた言葉を口にした。

「そうだ。ただ、俺に言わせれば、マルクスやエンゲルスが科学的で、フーリエやサン＝シモンやオーウェンが空想的だ、というのは間違いだ」

「どうしてです？」

「社会主義国は消えたが、信金はまだちゃんとあるじゃないか」

和久井はとりあえずこの冗談に笑うことにして、桜さんにその先を喋ってもらうことにした。

「オーウェンは、イギリスのニュー・ラナークで、義理の父親と一緒に紡績工場を経営してたんだが、当時の労働者の生活があまりに悲惨なので、改革に着手した。工場の中に物資を安く買える購買部や、幼稚園・病院などを設置して、働く人々の生活の質を上げようと努力したんだ。つまり、オーウェンは労働者を『使い倒してなんぼ』の道具ではなく、仲間として扱ったわけだ。俺はここに共感と友愛の精神を見るね。そしてその結果、労働者の労働意欲が増し、この工場の生産性は向上した。これが信用組合のルーツと言ってもいい」

「はあ、そう言われてもあまりにも昔の話なので、ピンとこないんですけど」

「お前んところは何ていったっけ？　洛北信金だっけ？」

「洛中信用金庫です」

「お前は洛中信金の設立の経緯を知ってるか」

「えーっと、何だったっけ？」

「初代の理事長ってのは確か、市役所に勤務してたんじゃないのか」

「ああ、なんか聞いたことあります」

「そこで中央卸売市場の仲買人の様子を見て、これは組合をつくるべきだと思って、ファイト一発で立ち上げたんじゃないのか。確か最初の名称は〈四条中央市場信用組合〉だろ？」

「ああ確か、研修で聞いたような気もします」

「だったら、初心はロッチデールやオーウェンと一緒じゃないか」

「確かにそうでした」

「だから、銀行に堕落しちゃいけないって言ってんだ」

「まあ、一応理解しました」

桜さんは、和菓子とアイスコーヒーが入ったグラスを盆に載せた。

「だったら、これ持って行ってこい」

無駄だとは思ったが、一応和久井は盆を手に二階に上がった。そして、一番端の部屋のドアをノックした。

「目黒先輩、どうですか、千本玉壽軒のお菓子ですよ。俺たちにはめったに食べられません。さっき食ったけど、めっちゃうまかったですよ」

あいかわらず返事はない。桜さんには、返事がなかったら中に入れてこいと言われている。

「先輩、中に入れときます。ちょっと開けますね」

木の引き戸を薄く開けた。

むせるような臭《にお》いがした。布団の上のタオルケットの盛り上がりは、人間というより獣を連想させた。

「ここに置いておきますから」

そう言って和久井は盆を中に入れると、木戸をそっと閉めた。

一月《ひとつき》が過ぎた。

暑さも少しは和らいで、ガリガリ君ともそろそろお別れできそうな気候になってきた。

昼休みに、配達された弁当を休憩室で食い終わり、茶を飲んでいると、下のフロアーから内線がかかってきて「和久井さん、ちょっといいですか」と窓口の先輩女子職員の吉原さんに呼ばれて降りていった。

「食事中ごめんな。お客さんが来てはるんですけど」

吉原さんは、なぜか少し声を潜めて言った。

「ああ、融資ですか」

吉原さんはうなずいた。

「学生さんらしいんですわ」

「学生が……融資？」

吉原さんの目線の先には、ジーンズにTシャツ、頭に宇治茶色の布地の帽子をのせて、黄色い鞄を肩から提げている長髪の若い男が立っていた。

「食事中に悪いんやけど、渉外の人はみんな出払っているさかい」

「わかりました」

そう言い残して、和久井は学生に近づいた。

「いらっしゃいませ。ご来店ありがとうございます。和久井と申します」

にこやかに笑って名刺を差し出した。

「本日はご融資の件でご来店でしょうか」

「てゆうか、金借りられへんかな思て来たんやけど」

それを融資というんですが、という言葉を和久井はのみ込んだ。

「ありがとうございます。承りますので、どうぞこちらへ」

吉原さんに小声で「冷たいのふたつ、お願いします」と声をかけ、和久井は奥の部屋に若者を案内した。

「お名前頂戴《ちょうだい》できますか」

腰を落ち着けると、和久井は言った。

「野村です」

「野村さんは、いまは学生さんでいらっしゃいますか」

「ええ」

「どちらに行かれてますか」

「いや、大したことないんです」

やれやれと和久井は思った。融資を依頼しに来店し、自分の所属している組織を明言しない。なんかアブナイ奴だなという気がした。

「大学は感動してもらえるようなところやあらへんねんけど、貸してもらえるやろか」

「それはお話を伺ってみないと」

「話はすごくええねん」

「はい、では、じっくり伺います」

「でも、担保はないで」

「え？」

「学生やさかい。それに親に保証人にもなってもらえへんねん」

「どうしてですか」

「この事業やるのに反対してるさかい」

「つまり融資のお金というのは、これから事業を始めるのに使われるのですね」

「そおやねん、どうせ俺みたいな三流大学出てもお兄さんみたいなええとこに入られへんさかい、自分らで事業起こしたろ思てんねん」

「それで、ご両親は反対されている」

「うん、特にオヤジが猛反対。ちゃんと大学出て就職せんかいって」

和久井は、どうやって断ろうかと頭を使いはじめた。

「なあ、借りられるかな」

野村君はすがるような目で和久井を見ている。

「まあ、そうですねえ」

本来なら、これは即決でノーである。担保もないのに金は貸せない。これは金貸し業の鉄則だ。本来なら、ここで帰ってもらってもよかった。しかし、和久井の優柔不断な性格は即答を避けた。

和久井はメモとボールペンを取り出した。

「事業内容をご説明いただけますか」

「草むしりや」

「草むしり？」

「ああ、俺、バイトで植木屋の手伝いやってんねん。お兄さん、植木屋のバイトしたことある？　あるんやったら話は早いんやけど」

「いえ、残念ながら」

「さよか。植木屋のバイトをするとやね、年寄りだけで住んでる家に行くことが多いねん。で、俺らは植木をチョキチョキやってきれいに整えるやろ。けれど、下は雑草が生えてることがあるんや。それでご主人から『手間賃出すさかい、草も刈ってくれへんかな』とかときどき頼まれんねん。もう高齢で、自分で草むしりはきつんやろ。俺は最初ええですよって請け合ったんやけど、親方に止められた」

「それはどうして？」

「親方に言わせたら、俺らは植木屋やからそんな仕事はできへんてことらしい」

「なるほど」

「しゃあないから、俺、すみません、できへんのです、て断った。そしたら、えらい哀しそうな顔しはるんや」

「ええ」

「そやし、この間、休みの日にな、ひとりで軍手とビニール袋持って行って、草むしりしてあげてん」

「それはお金を取ってですか」

「その時はただでええと思てた。まあ、ちょっと早いけど敬老の日のプレゼントみたいなもんや。そしたら、えらい感謝されて、また頼むわって話になってな」

「ほお」

「ほかにも知り合いが頼みたいっていうて紹介してくれるちゅうねん」

「なるほど」

「それから自然と、人の庭の前を通るたびに気をつけて見るようになった。そしたら、庭に草が生えてる家ってけっこうあんねん。それで、俺は思た。これは商売になるんちゃうやろか」

「学業を続けながら、起業されるということでしょうか」

「いや、大学はもうやめよかなと思てる。別に勉強好きなわけでもないし。お兄さんは大学どこ出てはんの？」

自分の在籍している学校はダンマリで、人の学歴はズバッと訊いてくるのは明らかに変だが、つい、

「僕ですか、立志舘ですが」と答えてしまった。

「ほら、名門や。銀行勤めするんやったら、そういうええとこ出とかなあかんのや」

「いや、名門なんかじゃないですよ。それにうちは銀行じゃなくて信金です」

「同じようなもんや」

出身校を名門と言われたことはめったにない。けれど、これまでの人生の中でゼロというわけでもなかった。さらに、野村君が、銀行と信金を一緒にして和久井をエリートサラリーマンだと見なしているのは、果たして誤解だろうか。それは、彼にとってはひとつの素直な実感なのだろう。

「とにかく、うちみたいな大学出てもええとこに就職できへんし、それやったら、仲

間と一緒に草むしりの会社起こしたろかな思てんねん。どう思う?」

アイディアはいいと思った。需要があるのに供給がない状態だとも言える。

「事業計画の書類などはございますでしょうか」

「うん、大体こんな感じ」

野村君は、ボブ・マーリーのシールをベタベタ貼り付けたビニール地の黄色い派手な鞄の中から、A4の書類を一枚取り出すと、エクセルで作成した表を見せた。

敷地の広さに応じて、段階的に料金が設定されている。さらに、草むしりに加えて芝刈りも引き受けることがこの書類からわかった。確かに、草むしりだけに限定する必要はないだろう。

顧客になる予定の家の名前と住所のリストがあった。そのリストは割と長かった。数えてみたら二十軒ほどある。

「少ない思てるの?」

野村君が訊いた。

「草ってのは、むしってもまた生えてくるやろ、生えてきたときにまた仕事さしてもらえるから、この二十人を大事にして、徐々に増やしていかれへんかなて思てんねん」

「植木屋さんはやめるんですか」

「やめよ思てる。植木がすごく好きていうわけでもないから。それに、自分たちのやり方で仕事したいねん」

「自分たちのやり方って？」

「例えば、そうやなあ。この間、草むしりに行ったときにな、携帯用のＢＯＳＥのスピーカー持って行ってん。そんで、草むしりしてる間音楽かけてもええですかて訊いたら、旦那さんが『ええよ』って言うてくれはった。ｉＰｈｏｎｅからあれこれ再生してかけながらやったら、ごっつう気持ちがよかった。草むしりに合う音楽があってな、ボブ・マーリーはいつでもどこでも文句なしにオーケーやけど、イーグルスなんかもよかった。グリーンディもオーケーや。レッチリはいまいちやったな。クイーン、あれはあかんわ」

和久井は笑った。なんとなくわかる気がした。

「どうせ仕事やるなら楽しくやりたいやろ。もちろん、そういう音楽かけるのやめてくれ言われたらやらへんで」

たぶん、野村君が使った携帯用スピーカーは和久井が持っているのと同じものだ。朝のラジオ体操のピアノ伴奏は、このＢＯＳＥのスピーカーから桜さんが流している。

和久井は野村君がボブ・マーリーをかけながら草をむしっているところを想像して、ちょっと羨ましくなった。好きな音楽かけて、草をむしって、終わったらきれいになった庭を眺めて、感謝され、家に帰って風呂に入って、ビールを飲んだらどんなにうまいだろう。

「ご融資のご希望はいかほどでしょうか」

「三百万くらいかな。岩倉に事業所兼自宅にする一軒家を借りるのと、バンを一台中古で買う。芝刈り機や道具を揃えて、あと三か月間の給料」

それほど多くないな、と和久井は思った。むしろ、もっと増やしたほうがいいかもしれない。途中で資金がショートして身動きが取れなくなるのはまずい。事業の項目を見ると、広告費は入っていない。民泊を探すバックパッカーとはちがって、高齢者はネット検索をあまりしないので、チラシやビラを作り、戸別訪問したりして手渡すか、ポスティングする必要もあるかもしれない。五百万くらいは用意したいところだ。

しかし、問題は担保がないことだった。これは大問題である。

「そりゃあかんわ」

田中主任はにべもなく言った。

「無理でしょうか。事業そのものはかなり可能性があると思うんですが」

「あかんあかん、そんな無茶は通らへん」

和久井は黙った。

「親は何してんねん」

「教員だそうです」

「京都の人なんか?」

「ええ、山科です」

「家持ちかい?」

「ええ、でも、親を連帯保証人にはできないそうです」

「なんでや」

「親との折り合いが悪いらしく、それは無理だと」

「貯金はあるのかい」

「うちに口座を持っています。残額が七千八百五十二円でした」

「よそに預金は?」

「ないそうです」

「絶望的ちゅうんはこのことやな。アウト」

田中主任が言うことは、信金マンとしては正論だとはわかっていた。しかし、桜さんが力説するところの友愛と共感の観点から、なんとかしてやりたいという気持ちが和久井の中に湧いて出た。

それに、事業そのものはうまくいきそうではないか。これは、桜さんがときどき言う、人的資産が増えそうな気がするのだ。

桜さんと暮らしはじめて最初に教わったことが、「貸借対照表に載らない資産を見ろ」ということだった。

「金融資産と収入付き不動産だけに注目すると、可能性が見えなくなるぞ」

桜さんは口癖のようにそう言った。

「例えば、それはどんなものですか」

「人的資産だ。その人がどんな人と関係しているか、親戚、学友、友人、先輩後輩にどんな人間がいるか、コネがあるか、本来は、その人間が持っている魅力やコミュニケーション能力なんかも含めるべきかもしれないが、これは上司に報告すると怒られるからやめとけよ」

確かに、あの野村君は年寄りに好かれそうな気がする。

それに、若いのに起業するという心意気がいい。

和久井は子供の頃から、大きくなったら自分は会社勤めをするのだと信じて疑うことがなかった。そこそこいい暮らしをするために、いい会社に入る。そのために受験勉強する。試験が終わったら忘れる。いっとき就職してからもＭＢＡの参考書を広げていたのは、学びたいからではなく、もっといい就職先に就きたかったからだ。しかし、「そこそこいい」から「もっといい」に至るまで、この「いい」ってどういうふうにいいことを目指しているのだろうか。

桜さんと暮らすようになってこの方、和久井はそれがだんだんわからなくなってきているのだ。

和久井はダメモトで田中主任に言ってみた。

「駄目ですかね。そんなに大口の融資でもないんですが」

五百万なら本店の審査に回さなくてもいいので、支店長決裁で済む。今年から着任した安田支店長は〝いけいけタイプ〟だから、部長までクリアすればたぶん大丈夫だろう。

「あほ！　いつまでも新入職員とちゃうぞ。もうとっくに試合終了しとるわ！」

どえらい剣幕で叱られた。


ちょっとむしゃくしゃして、わかば寮に戻ると、台所のダイニングテーブルを白い粉だらけにして、桜さんが麺棒を転がしていた。

「あれ、そば打ってるんですか」

手打ちそばは大好きだが、夕飯にそばだけだと腹が持たないなあ、と和久井は思った。

「ばか、今晩は餃子だって言ったろ」

「え？　じゃあ、ひょっとして皮から作ってるんですか」

「おうよ。そのほうがうまいからな」

見ると、銀のボウルにひき肉やら白菜、ショウガ、ニンニクやらを混ぜたらしき具がたんまり入っている。

手間がかかるでしょう、と言おうとしてやめた。こうして桜さんが凝りに凝って作る料理はうまい。手間をかけてくれるのは素直に感謝しておいたほうがいい。予算の範囲内ならば――。

「もうちょいかかるから、風呂にでも行ってこいよ、一応、上の兄さんにも声かけてな。昼飯を持っていったら、ちょっと臭《にお》ったぞ」

ふぁーい、と生返事をして、自分の部屋に上がった。

部屋の座敷には、うずたかく本が積まれている。桜さんが古本屋で購入したり、図書館から借りてきたりした本である。

この和室に和久井は古道具屋で買い求めた低い文机を置いて、座布団に尻をのせ、これに向かって、ラップトップを叩き、桜さんから出された課題図書を読み、落書きしたりするのだが、この和久井と同じサイズの文机を、桜さんはどこからか調達してきて、その隣に置いた。本人は、東映京都撮影所の大道具係に知り合いができ、寸法を伝えて作ってもらったと言っているが、そのまま信じていいのかはわからない。ともあれ、こうして和風の低い机がふたつ並び、部屋は藤子不二雄が描く『まんが道』のトキワ荘のようになった。ただし、桜さんの机の周りには、なにやら難しげな本から映画読本まで、実にさまざまな書物が積み上げられている。

和久井はネクタイを外し、ワイシャツとズボンを脱いで、Tシャツとトランクスを身につけると、石けんとシャンプーを入れた洗面器の上にタオルをのせたのを抱えて部屋を出た。

板戸が七つ並んだ長い廊下を歩く。満室ならば七名が入居できるが、いまここに暮らしているのはもうひとりだけだ。その目黒先輩の部屋の前に立って、和久井はノックした。

「先輩、風呂行くんですが、一緒にどうですか」

予想通り返事はない。

和久井は足元のトレイを拾い上げた。平皿には食べ残しのカレーが半分載っている。ということは、半分は食べたらしい。目黒先輩は、ここ最近は出されたものを少しずつ口に入れるようになっていた。

しかし、それだと俺が三人分の食費を出すことになっちゃうじゃないか、和久井はそう思った。その思いは不安に近いものだった。

「その分は俺が補填《ほてん》するよ」

桜さんは和久井の心中を見透かしたように言った。

「補填するって？」

「いや、まあ、最近は少しバイトもしてるんだ」

どうやら、和久井を送り出した後、昼間はあの部屋で翻訳の下訳などをしたりしているらしい。ときどき、京都にある学術書専門の出版社から「わかば寮　和久井健太様方　桜四十郎様」と宛名書きされた分厚い封書が届いたりする。どうやらゲラ稿が入っているらしく、日曜日に花脊峠に登って戻ってみると、ひとり机に向かって赤ペンを入れているのを見たこともあった。

目黒先輩のトレイを持って共同台所に降りていき、流しに置いた。

餃子を包みながら桜さんが、

「お、結構食ったな」と笑みを浮かべ、そのまま洗おうとする和久井に、

「いい、それは俺がやるから、まず風呂行ってこいや」

と言いながら、包んだ餃子を四角いプラスチックの平皿に並べた。

和久井はこの言葉に甘えて、洗面器を抱えて近くの銭湯の暖簾《のれん》をくぐった。

湯船に浸かりながら、目黒先輩のことを考えた。昨日、桜さんが金融学の講義の最後に、思いがけないことを言った。

「ところで、今日あいつの顔見たよ」

「え、目黒先輩の？」

「ああ、この寮の端っこの部屋に寝てるのがそういう名前なら」

「起きてきたんですか」

「トイレにな」

「ああ、そういうことですか」

部屋にトイレがないから仕方がないのだろう。

「思わず俺、どうだ元気か、なんて言っちゃってな。元気なわけないよな。悪いことしちゃったぜ。そしたら、駄目です、とか言われて参ったよ」

「え、でも会話が成り立ってるじゃないですか」

「それで、明日は餃子だぞって声かけといた」

「それ、俺聞いてませんよ」

「だから、いま言ってるんだ。明日の夕飯は餃子だ。残業なんかするんじゃないぞ」

「わかりました。で、餃子に対する目黒先輩の反応は？」

「蚊の鳴くような声で、はい、って言ってたな」

和久井は驚いた。返事をしているじゃないか。

「はい、はねえだろうと思うんだ。皮から作るんだから、俺にとっちゃもっと喜んでほしいところだが、まあそこは大目に見ることにした。ひょっとしたら餃子が嫌いなのかもしれないしな」

「いや、元気な頃『王将』で一緒に食ったことありますよ。好きだって言ってました」

「そうか。じゃあ、やっぱり声かけよう。もっとも、あの顔つきじゃあ、まだ無理だとは思うがな」

そんな昨日のやりとりを思い出しながら湯船から上がり、昼間の汗と埃を洗い流して、わかば寮に戻ると、ダイニングテーブルで文庫本を読んでいた桜さんは、「よし、じゃあ焼くか」と言って立ち上がり、餃子をびっしり並べたフライパンをコンロにかけた。

「あれは、どこか心療内科にでも行ってるのか」

「さあ」

「もうちょっとしたら、俺が連れていこう。まだ間に合うかもしれないぜ」

そいつはどうかなと和久井は思った。

先日桜さんから聞かされたロッチデール組合ならいざ知らず、うちの会社がそれほど友愛に満ちているとは考えられない。

和久井は食器棚についている引き出しを開けた。引き出しの中は、木製の箸類や金属のスプーンなどのカトラリーが、百均で買ってきたトレイできれいに区分けされている。和久井は、ふたり分の箸を取った。

桜さんが来てから、台所の食器は徐々に増えて、整理も行き届いてきた。見かけに寄らず、きれい好きだということもわかった。

以前は、白い埃の塊が、西部劇でよく見かけるタンブルウィードのように、風にふわふわ転がっていた廊下も、きれいに拭き清められ、ワックスまでかけられて、つるつる光っている。

「ビールもらいまーす」

和久井はそう言って、〈ビール代〉と紙が貼られた貯金箱に二百円入れた。そして、冷蔵庫から三五〇ミリ・リットルの缶をひとつ取って、プルリングを引いた。

「あー、うめー」

和久井は一気に半分ほど飲んで息を吐いた。

「よし、焼き上がったぞ」

桜さんはそう言って、こんがりときつね色に焼き上がった餃子を大皿に移した。

いつものように「いただきます」と言ってから、箸をつけた。

それは絶品と呼びたくなるくらいにうまかった。

「『王将』と『珉珉《みんみん》』を生んだ京都で、下手な餃子は作れないぜ」

桜さんは妙な気合を吹かしている。

ちょうど一皿食い終わった頃に、草むしりの野村君の一件を桜さんに打ち明けた。

「結局、友愛とか関係ないんですよ、うちは」

「ふむ、なるほどねえ」

桜さんは箸に挟んだ餃子を二杯酢につけている。

「そんなに高額でもないことだし、融資してあげたいなと思ったんですけどねえ」

「ま、やっぱりそれは無理だな」

そう言って桜さんは餃子を頬張った。

和久井はこの言葉が意外だった。

「桜さんもそう思いますか」

桜さんは口をもぐもぐさせながらうなずいた。

「でも、桜さんはよく信用金庫は銀行に堕落しちゃいけないなんてことを言うじゃないですか」

桜さんはまたうなずいた。

「今回の野村君の件は、出せるとしたら銀行じゃなくて信金だと思うんです」

桜さんは水を飲んでから、我ながらうまい餃子を作ったもんだ、とつぶやいた。そして、だけどな、とあらたまって和久井を見た。

「その信金の基準に照らし合わせて無理なものは、無理ってことだ」

「それじゃあ、信金がやれることは何ですか」

「色々あるだろう、地域密着とか」

「でも、それだとなんか負けてる感が強すぎるんですけど」

「なんでだよ」

「昨日、大学時代の友人からメールが来ました。そいつは同じゼミの同期で、卒業後は葵銀行に入ったんです。いまはミャンマーに行って現地法人の立ち上げにかかわってるそうです」

「そりゃ気の毒に」

「どうしてです」

「大学出たてでそんなところで重責背負わされて、つぶれなきゃいいけどな」

「でも、やっぱり……」

和久井は言いよどんだ。自分の心情とぴったりくる、この先をつなぐ言葉を見つけてから、もう一度口を開いた。

「かっこいいじゃないですか」

桜さんは笑った。

「なんで笑うんですか」

「いや、わかりやすくて結構だ」

「やっぱり、都市銀と信金とじゃ動かしてる金の桁が全然違うんですよ」

「それがどうした」

「それがどうしたって思えないんです俺は。それに、もらっている給料だって……」

桜さんは立ち上がると、〈ビール代〉の箱に二百円放り込み、冷蔵庫からエビスの缶を取ってプルリングを引いて、

「それで？」と言った。

「桜さんは人的資源にも注目しろって、細かいことを教えてくれました。こういうのは損益計算書や貸借対照表に載りにくいが、重要な要素なんだって」

桜さんは缶を口に当てて、黙って聞いている。

「だったら、野村君の顧客予備軍のリストだって立派な人的資産になり得るんじゃないですか」

「なるだろうな」

「ビジネスのアイディアもいいと思うんです」

「うん、とりあえずは」

「どういう意味です？」

「どのくらいの規模でやるのか知らないが、草むしりだけでずっとやっていけるのかどうかはわからない。けれど、アイディアはいいだろう」

「桜さん、学生時代に知ったんですけれど、日本って起業率が低いんですよね」

「そうだな。ナイジェリアなんていう発展途上国で起業率が高いのは就職するべき企業がないという別の問題があるんだが、先進諸国で低いのは確かに問題だよ」

「なぜだと思います？」

「そりゃあ、お前みたいに大企業が大好きっていう、〈寄《よ》らば大樹《たいじゅ》の陰〉志向の人間が多いからだろう。大きいの大好き、お上《かみ》大好きって奴が」

「それだけですか」

むっとしながらも、和久井は議論の歩《ほ》を先に進めようとした。

「あともうひとつは、エンジェルと呼ばれる個人投資家が少ないことだ」

「なぜですか」

「例えば、アメリカでは、新規ビジネスやイノベーションのアイディアが有望だと判断したら、個人投資家から金が集まってくる。つまり、起業したい連中はいいアイディアを持ってさえいればいいわけだ。こうした考え方は、新しいビジネスや、革新的なアイディアを育む土壌を形成していく。けれど、日本の投資家はそうじゃない。ビジネスにおける文化が全然ちがうんだな」

「どうちがうんですか」

「日本は資金のあるところに投資したがるんだよ」

「それだと、野村君はアウトですよ」

「そうなんだ。草むしりってアイディアは悪くない。けれど、日本ではアイディアそのものよりも投資の安全性を重視するんだ」

「だったら、アイディアはあるけど金がない人間は起業できないじゃないですか」

「確かに難しいよな」

「じゃあ資産を持ってる者が、旧態依然としたビジネスで勝ち続けることになっちゃわないですか」

「なるんだよ」

「駄目じゃないですか」

「俺も、いいとは言ってないぜ」

「言ってないんですか、言ってるように聞こえるんですが」

「そこが日本社会の悩ましいところだって話をしてるんだよ」

「桜さんは困っている人を助けることが仕事につながるんだって、よく言ってますよね」

「言ってるな」

「俺は野村君を助けてあげたいんですよ」

「ただそれは信金マンの領域を超えてるからな。無茶しちゃいけないんだよ」

「じゃあ、桜さんが、ロッチデール先駆者協同組合とか、ロバート・オーウェンとかを引き合いに出して語ってくれた共感と友愛の話はどうなるんです。このままだと、銀行に堕落しちゃうじゃないですか」

「いや、しないね」

「なんですか、秘策でもあるんですか」

「まあ、秘策というほどのものでもないが」

そう言って桜さんはエビスをぐっと飲んだ。


「あの、いまから来るそうです」

スマホを切って、和久井が言った。

「いまから？」

「なんか、鴨川デルタで仲間と花火してたって言ってました」

桜さんは、することが若いな、と笑った。

鴨川デルタというのは、東から流れる高野川と西からの賀茂川の合流点にできた三角州で、市民の憩いの広場となっている。もっとも、ここで花火を上げるというのはいかにも学生がやりそうなことだと和久井も思った。

「自転車で来るそうです」

デルタからわかば寮までなら、自転車だと一〇分かかるかかからないくらいだろう。

「そりゃ結構だ。話は早いほうがいい」

桜さんはそう言ってエビスを飲んだ。

今日のご融資の件で個人的に提案があるのですが、どこかでお会いできませんか、と電話すると、野村君は、じゃあ今からどないですか、と言ってきた。

実は、いま少しお酒が入っていまして説明すると、僕もビールちょっと飲んでるから全然かまやしません、と言う。

それで寮の住所を教えたら、わかりましたと言って切った。

「俺たち、ニンニク臭《くさ》くないですかね」

和久井は、ちょっと心配して言った。

「じゃあ、その兄ちゃんにも食べてもらえばいいじゃないか」

そんなことを話しているうちに、敷地内に自転車を停める音が聞こえて、玄関口で、ごめんくださーい、と声がした。

共同台所に案内すると、野村君はきょろきょろ見回していたが、「ええ雰囲気ですね、ここ」と言った。

「こちら、桜さん、同居人です」

和久井が紹介した。

「いま餃子焼いてたんだけど、一緒に食べるか?」

桜さんが訊いた。

「えぇの?」

「ああ、多めに作ったからな、余ったら冷凍にしようと思ってたくらいだから、食ってくれ。ビール飲むかい?」

「あ、もらえるなら」

桜さんは二百円を〈ビール代〉に入れて、冷蔵庫を開け、エビスを野村君の目の前に置いた。そして「さあ、焼くぞー」と気合を入れて、フライパンをコンロにかけた。

野村君が桜さんの背中を見て、和久井に訊いた。

「洛信の方《かた》ですか」

「いや、個人的な相談役です」

和久井はとりあえず、そう説明した。

「ところで、ご融資の件ですが」

和久井は、まず言いにくいことを言わなければならなかった。

「うちのほうでは難しいということになりました」

「ああ、そうなん。速攻やね」

野村君はさして気落ちしていないふうを装いながら、缶ビールの缶をいじっていた。

「期待に添えず、申し訳ありません」

「そんなに謝らんでも。生まれてからずっと、ダメ出しされるのには慣れてるから」

レベルの差はあれ、そんな気持ちは和久井にも覚えがあった。

「でも、困ったなあ、どないしょうかな。サラ金とかこわいしなあ」

「それはやめとけよ」

桜さんが横から口を出した。

「でも、しゃあないやん。洛信は貸してくれへん、サラ金は学生証で貸してくれる。それだけのちがいやろ」

「いや、それはちがいます」

「どうちがうん？」

思わず和久井の声が高くなった。

「まず金利がちがいます」

「まあ、そやろね」

「うちは自宅の前で大声出したり恫喝《どうかつ》したりはしません」

「そやけど、貸してくれへんのやろ？」

「……すみません」

ここで声の調子がピアニシモに変わった。

「でも、おかしな話やな。あかんかったら店から電話して、あきまへんの一言で済みそうなもんやけど」

「ええ、そうなんですが、ここからが本題です」

「ここから？」

「よーし、焼けたぞー」

桜さんはフライパンをつかんでひっくり返すと、中身を大皿に移した。そして、箸とタレ用の小皿を野村君の目の前に置くと、

「まあ、食ってくれ。タレは醤油とお酢とラー油のお好みで」

そう言って桜さんは、自分がまずひとつつまんだ。

野村君も箸を取った。

「なにこれ、めっちゃうまいやん」

「『王将』と『珉珉』に挑戦してるんだそうです」

和久井が解説した。

「それ、かっこええやん」

「かっこいいかなあ」

桜さんは、野村君はよくわかってるな、などと言ってニヤニヤしている。

和久井は、そろそろ話を戻すことにした。

「で、野村さん、日本政策金融公庫ってご存じですか」

野村君は首を振った。

「なにそれ」

「国が百パーセント出資する金融機関です」

「はあ」

「そこで野村さんの草むしりの資金を融資してもらいませんか」

「もらいませんかって、もらえるのかいな」

「もらえるよ」

桜さんが口を挟んだ。

野村君は、きょとんとしている。

「ここの国民生活事業というのにアクセスします。四条烏丸に支店があるから、そこに行ってください」

実は、ここは洛中信金本店のすぐそばなので、和久井はどことなく居心地が悪かったのだが。

「融資のお金が入金されるまでには約一か月かかります。早いほうがいいですか」

「そらそうや」

「なら明日、桜さんと一緒に行ってください」

「え、このおっちゃんと。なんで？」

「桜さんがサポートします」

「俺みたいなんのでも借りられるやろか」

「野村君みたいな人にうってつけの金融機関だよ。担保も保証人もいらないしな」

桜さんが言った。

「手ぶらで行ってええの？」

「できれば、簡単な事業計画書は持っていったほうがいいんです。そうすれば、ちゃんとしてるなって信用されますから」

「明日までに作れてゆうの？」

野村君の表情に不安の影が差した。

「心配いりません、今晩ここで作成します」

和久井は先ほど自分の部屋から持ってきたラップトップをテーブルの上に載せた。

「えー、マジですか」

野村君は思いも寄らない展開に驚いている様子だ。

「ポイントは五つです。①創業理由、②商品サービスの内容、コンセプト、③販売先つまりターゲット、④資金計画の実現性、⑤収支予測の妥当性です」

「あかん、俺そういうの苦手やねん」

「大丈夫だ、俺たちが手伝うから。それに野村君はもうほとんどできてるようなもんだよ」

桜さんはそう請け合った。

「ほんま？」

野村君は和久井のほうを見た。

いまのところ、野村君にとって桜さんは得体の知れないオッサンで、和久井は信金マンという組織人なので、どちらかといえば自分のほうが信用できるのだろう、と和久井は野村君の心中を推し量った。

「ええ、①の創業理由は今日話してくれたいきさつを素直に書けばいいと思います。②は草むしりと芝刈りですよね。③の販売先とターゲットについては、野村さんはかなりの準備ができてます。あの顧客予備軍のリストは強力な武器になるのは確実です。④の資金計画の実現性、それから⑤の収支予測は、いまから僕と桜さんとでお手伝いするので、餃子食いながら作っちゃいましょう」

野村君は目を丸くしている。

餃子が載った大皿に箸を伸ばしながら、桜さんが言った。

「それとな、ほとんど身体ひとつでやる商売だから仕入れはすくないとは思うけど、それでも最初はいろいろかかるもんだから、五百万は少ないな、一千万借りよう」

「一千万！」

「大丈夫さ」

桜さんは野村君にいくつか質問すると、設備資金はこうして、運転資金はこうだな、自己資金比率はこうして誤魔化そうとか言って、和久井に指示して入力させた。どんどん資料ができていく横からラップトップを覗き込んでこの過程を見ていた野村君は、時々ため息などついて、しきりに感心していた。

「でも野村君、本当はこのくらいはやらないといかんぜ、これから君は経営者になるんだからな」

桜さんはそう言って、最後はラップトップを自分の手元に引き寄せると、パタパタとキーを叩いて修正を加えはじめた。

そして、ラップトップを和久井のほうに寄せた。

「どうかな、これで」

「お見事です」

和久井はうなずいた。

「よし、じゃあ刷っちゃおう」

和久井が「Ｃｔｒｌ」とＰを押すと、無線ＬＡＮでつながっている二階のプリンターが起動する音が微かに聞こえた。

「よし、もう一回焼くぞ」

桜さんはまたフライパンを拭いて、餃子を並べてコンロにかけた。

二階から小さく聞こえてくるゴトゴトジャーというプリンターの機械音を聞きながら、どこか不思議そうに野村君は餃子を食べてビールを飲んでいたが、戸棚に載っている携帯用のBOSEのスピーカーを見つけて、

「音楽かけてもいいですか」と訊いた。

和久井はうなずいて電源を入れ、Bluetoothのリンクするボタンを押した。野村君は例の黄色いバッグからiPhoneを取り出して操作した。ギターのリフに続いて、分厚い低音が出た。

かかった曲は、ウィーザーの〈アイランド・イン・ザ・サン〉だった。和久井は思わず笑った。それを見て野村君も笑った。

和久井がこの曲が好きだと野村君が見抜いた理由は明快だった。和久井がこのバンドのTシャツを着ていたからだった。野村君というのは微妙に気を遣う性格らしい。

このあと、野村君の選曲でエリック・クラプトンとフィッシュマンズを聴いて、プリントアウトした書類を、餃子のタレで汚さないように注意しながら、桜さんは再度確認した。

「じゃあ明日、日本政策金融公庫に電話して予約取ってくれ。そしたら四条烏丸の交

差点で待ち合わせしよう」

「あの」

どこか腑《ふ》に落ちない表情で野村君は言った。

「それで、いくら渡せばええの？」

「いくらって？」

「借りたお金から、いくらか指南料を渡すって話とちゃうの？」

和久井はあわてて首を振った。

「いや、そんなものは頂くつもりはありません」

「でも、そんなんなんの得にもならへんやんか」

「なるんだよ」と桜さんが言った。

「どういう風に？」

「な」と桜さんは、今度は和久井を見て言った。

「ええ」

「じゃあ、ほら、例の決め台詞」

「え、あれですか」

「まさしく、いまだろ。行け」

しかたなく和久井は、キョトンとしている野村君の目を見据えて、言った。

「御役に立てたなら光栄です」


大文字の送り火が過ぎ、お地蔵盆が過ぎ、そして子供たちの夏休みも過ぎていった。

秋風が金木犀《きんもくせい》の匂いを京の都に漂わせる頃、わかば寮の郵便受けに一枚の絵はがきが届いた。

それは桜さんによって郵便受けから抜き取られ、一読された後、共同台所のテーブルの上に置かれた。そして夜になって、一時間ほど残業して帰宅した和久井の目にさらされた。

消印がないところをみると、差出人はここまでやってきて自分で郵便受けに投げ入れていったらしかった。

このボブ・マーリーの絵はがきを裏返すと、そこには日本政策金融公庫の審査は無事に通り、融資金の振り込みがあった、という一文が野村君の丸っこい字で綴られていた。

その晩、桜さんは「乾杯しよう」と言って五百円玉を〈ビール箱〉に入れ、冷蔵庫から缶ビールをふたつ取って、ひとつを和久井に渡した。

ふたりはプルリングを抜いて、缶を合わせた。

「一銭の得にもならなかったけどな」

桜さんは、そう付け加えた。

「一銭の得にもならなかったけど」

そう唱和して和久井も、ぐっと飲んだ。

うまいビールであったが、まったく売り上げに結びつけられない苦みも和久井の舌に残った。

秋 三章

事件は不意に。倒産は計画的に

予期せぬ負債・借金は「一本化」で逃げ切れ！

「やっぱり駄目でしょうか」

和久井は、おずおずと三島部長を見た。

「うーん、この状況だと、しゃあないとしか言えへんな」

そう言って三島部長は、草色のプラスチックの湯呑みから一口飲んだ。

「いくら梶谷《かじたに》先生が世界に名だたる芸術家やいうたかて、うちらがお付き合いしてるんはあくまでも〈梶谷染色工房〉さんという事業体とや」

隣の田中主任も苦り切った顔で腕組みをしている。

「とにかく、一切売り上げをこさえるつもりはないって言わはるんやな」

部長はもう一度確認した。

「はい。そこは何度も確認しました」

梶谷雄太郎は、嵯峨《さが》に工房を構える染物工房・梶谷染色工房の五代目である。負けん気が強く、また染色に並々ならぬ情熱を注ぐ梶谷先生は、歴代の匠《たくみ》をしのぐ染めの技術を開発し、特にその鮮やかで渋みのある深い紫色は、国際的にも高く評価され、海外のメディアに取り上げられたこともある。

ただし、一つひとつが手作りであるから、梶谷染色工房の売り上げ自体はさほど大きくはない。さらに、原価にこだわらず贅《ぜい》を尽くした制作手法ゆえ、利幅もそれほど大きくはなかった。

それでも、梶谷染色工房とは洛中信金は創業時からの付き合ってきた。実は洛信の初代理事長が梶谷雄太郎の大ファンであった。

「梶谷先生とお付き合いできるなんて、京都の信金としては光栄ですわ」

そう言って先代の理事長は、この名匠との関係をとても大切にしていたのである。

ところが、梶谷染色工房は、ここ二年ほど売り上げがゼロの状態が続いている。というのは、創作活動はしているが生産活動をしていないのである。

「染め師としては、もう一遍いろはのいから、ちゃんと勉強せなあかんと思た」

そう言って梶谷先生は、二年前から弟子と一緒に工房にこもって新しい色作りに専心しはじめたのである。だから、この間の二年ほどは、すべての売り場から梶谷先生が染めた品々が消えている。直営店も一店持っているのだが、そこもいまは閉めている。

一方で、この間も工房の職人の人件費の支払い、染色に使う原料費などの仕入れなどは活発におこなっている。当然、損益計算書は真っ赤《か》っかだった。

要するに、金貸し業の目から見れば、梶谷先生は芸術家としては立派だが経営者としてははなはだお粗末で身勝手、ということになる。

しかし、これまでは理事長の威光が梶谷先生を強く照らしていたので、常識的に見て「ちょっとこれは」と思うような財務状態でも、「これだとお付き合いできかねます」とはなかなか口に出せなかった。

もしうっかりそんなことを口走って、先生に、

「さよですかあ、殺生なこと言わはるようになったんやなあ、洛信さんも」と嫌味を言われ、そしてそのあとに、万が一にもどこかで梶谷先生と理事長が出くわす機会があって、

「いやあ、三行半《みくだりはん》突きつけられましたわ」などと理事長の耳に入れられようでもしたら、翌日、朝一番で支店長の机の直通電話が鳴り、すぐに本店の理事長室に呼び出されることは確実だったからだ。

だから、先生が気まぐれに制作をほうりだし、あれこれ悩んで売り上げが落ち込み、さらなる融資を求めてきたときには、主任クラスが菓子折りを持って工房を訪れ、先生の作品をさんざん褒めたたえたあとに、

「先生、芸術もよろしおすけど、もうちっと商人魂《あきんど》を発揮してもらやしまへんやろか。

先生の作品は並べておいたらなんぼでも売れまっやさかい、そのへんの塩梅《あんばい》をどうかよろしゅうお願いします」と泣きつくのが関の山だった。

しかし、それも先代の理事長までの話である。

いまの理事長は先代と比較すると、かなりドラスティックだ。というより、ごく普通になってきていると言ったほうが正確だろう。

「それで先生は、また融資してくれゆうてはるんやな?」

「はい」

「で、名目はなんや?」

「研究費としてだということです」

つまり、もうしばらく商品を作るつもりはないが、その間の工房の人件費や原料費の面倒を見てくれというわけである。

「そんな、かんにんしてほしいわ」

田中主任は言った。ほとんどべそをかいている。

実は田中主任は昔、先生にハッパをかけるつもりで「うちも限度ちゅうもんがありますさかい、なにとぞ、どうかひとつ」と言ったことがあった。

その時、梶谷先生はすーっと目を細め、

「限度? そらおもしろいな」と低いところにこもった静かな声を漏らした。

田中主任はその冷たい目を見た瞬間、背筋が凍ったそうである。

果たして、翌日、朝一番で支店長の直通電話が鳴り、田中主任は支店長と一緒に本店に赴き、先代の理事長からたんまりお談義を食らった。この体験が、いまだにトラウマとなっているらしい。

だから、仁科さんが退職し、その顧客リストを分担するときに、本来は田中主任が引き継ぐはずであった、梶谷染色工房の名前を見た途端に、

「和久井、これお前が担当せえ。俺は嫌やで、絶対に」

と和久牛に押しつけてきたのは、こういういきさつがあったからである。まあ、好きな格言が〝触らぬ神に祟《たた》りなし〟というような人なので、田中主任らしい反応ではあった。

「それで、うちが出さなかったら、借り換えるって言うんやな？」

三島部長が確認した。

「はい」

「借り換え先はどこだっていうんだ？」

「葵銀行だという話です」

「しかし、よく貸すなあ」

田中主任は感嘆するようにつぶやいた。

「頭取が先生のファンなんやろか」

「そのへんは先生の口からは、まったく聞かされていません」

「まあ、葵さんはときどき、市の文化事業に協賛したりしてはるからな、メセナ的な発想からの配慮かもしれへんな」

三島部長が言った。

「特別枠ってことや」

田中主任はそう決めつけて、

「メガバンクの余裕ちゅうやつやな、うちの手際では、とてもやないけど無理や」とふて腐れるように付け加えた。

三島部長は腕組みして少し考えていたが、わかった、と言った。

「そういうことなら、和久井、お世話になりました言うて手続きせい」

和久井は、わかりましたと言うしかなかった。

梶谷先生は江戸時代から続く染め師の家系の五代目である。

先生の作品を陳列する直営店は、三条駅近く大和大路通を東に入った通りにあり、そこはいかにも京都の小路といった風情で、小道具屋や美術店が軒を連ねている町屋の並びのひとつである。

しかし、先生の姿をここで見かけることはほとんどない。ご自身は、店のほうはその方面の人間に任せて、嵯峨の広沢池の近くにある工房で数人の職人たちと一緒に寝起きしている。

嵯峨は京都の西のほうにある。

この地は和久井にとって、ロングライドのサイクリングコースで馴染み深い。

通常使うのは、北山に向かい、鞍馬を経て、花脊峠まで登って折り返すコースである。調子のいいときは、そのまま西に下って、時計の逆回りで、京北町を南下して降りてくる行程を選ぶ。このときは嵯峨を通ったあと、東に走って戻ってくる。さすがにこれだけ走ると、帰ってくるとひたすら寝ている。

もう一本、下鴨のわかば寮から、北大路通を西へ走って、西大路通、木辻通、きぬかけの路をさらに西へ走り、嵯峨に出た後に、国道一六二号線を登るルートがある。途中でトンネルなどを迂回《うかい》しつつ、これをひたすら北上し、いったん下った後、府道の四七七号線《死なないで》に乗り換えて花脊峠までまた登り、鞍馬に下りてくる時計回りの約八五キロである。

というわけで、本来なら嵯峨はロードバイクに乗って、紅葉などを眺めながら走りたいのだけれど、このあたりが赤く染まるにはまだ早く、おまけに、この日和久井が跨がったのは洛中信金の外回り用の五〇ccバイクだった。

工房の前の敷地に停まっていたバンの横に、和久井は五〇ccを停めた。

先生の工房は、芸術家のアトリエというよりも、農家のようなたたずまいだ。木戸を開けて、ごめんくださいと声を上げたが、誰も出てこない。玄関には、木製のざるの上に白い紙を敷いて、上に漢方薬のような乾燥させた草や根や木の実が載せてある。先生の染めは、合成染料を一切使わず、自然の原料だけを使った草木染と呼ばれるものだということは、担当することになったときに調べて知った。

「ごめんください」

もう一度、今度はもう少し大きく、奥へと声をかけた。

奥から、先生にしてはおとなしい足音が近づいてきて、格子状のガラス戸が開いたと思ったら、若い女が立っていた。

「すみません、いまちょっと先生……いやあ、和久井君やないの、こんなところで何してんの」

それはこっちも訊きたい、と和久井は思った。

「白崎のほうこそ。……あ、ひょっとして取材？」

「そやねん。いま、先生にインタビューしてるねん」

「そうか、じゃあ、そのへんで待ってるかな」

「あがって。ここらへんには喫茶店もあらへんし」

白崎葉子は、まるで自分の家のように言った。

「え？」

「先生があがって待ってもらえて言うてはるから」

急《せ》かすようにそう言って、葉子は奥の座敷へと戻っていった。和久井も上がり框に腰をかけ、革靴を脱いだ。

奥に行くと、三脚に載ったカメラの前で、先生があぐらをかいていた。

和久井は座敷に入ると、少し離れたところに正座した。

ちらっと梶谷先生が和久井を見た。

「あんたは確か洛中信金さんやったな」

はい、と和久井は頭を下げた。

「座布団、そこにあるから敷きなさい。ちょっと出してあげて」

先生がそう言うと、葉子は自分の脇に置いてあった座布団を持ってきてくれた。

和久井は恐縮した。

持ち場に戻った葉子が、

「失礼しました。じゃあ、回してください」とカメラに振り返ると、三脚の後ろに控えていた男が録画ボタンを押した。

「それでは長時間ありがとうございました。最後に、先生の今後の抱負についてお聞かせいただきたいのですが」

大阪の住吉区出身の葉子が標準語を話すのを初めて聞いた和久井は、こそばゆいような思いがした。

抱負かいな、と先生は言った。

「そやな、ながいこと染めてきて、この年齢《とし》になってわかってきたのは」

そして、ふと天井を見上げるようにして、

「まだなーんもできてへんということやわ」と言って笑った。

「できてないというのは――」

「まだまだあかんちゅうことや」

「でも、先生の染めは海外でも高く評価されてます」

ほとんど言わされるように葉子が疑問を口にした。

「あんたが言うてることは世間の評価やろ」と梶谷先生はまた笑った。その笑いは、

「まあ、わからへんのも無理ないけどな」というような憫笑《びんしょう》に近かった。

「あてはな、いまの世の中に棲んでないんや」

「といいますと」

「なんちゅうたらええんかな。あてのライバルはワコールさんやイトキンさんやあらへん」

「ええ、合成染料による大量生産に対して、先生のは天然の草木染ですよね」

「まあ、そうやけど、そんなん当たり前や。あっちはそれなりの価格でそれなりのもんを全国津々浦々に届けなあかん。それはそれで大変な仕事やろ。俺にはとてもできひん。俺はワコールさんやイトキンさんをライバルやと思てない。向こうかてそうや、こっち名前すら知らんと思うで」

「そんなことはないと思いますが」と葉子は言ったが、確かにおそらくそうだろうと和久井は思った。

売り上げ、昨年比率、営業利益、経常利益、原価率などの数字に追いまくられている企業人にとって、山口県の農家に相談して紫根を買い、紅藍花《こうらんか》は三重県の農家から取り寄せ、ほとんどが黄色の染料からわずかばかりの赤みを漉《こ》してすくい取っている先生は、風狂な老人であって、ライバルではないだろう。

企業人というのは、競合することもなければ、かといって何か利益になるものを引き出せることもないような人物や活動については、思いを巡らすことなどない。哀しいかな、そんな余裕などないというのが現実なのである。

「では、先生にはライバルはいないということですか」

「それはいる」

「どなたでしょうか」

釣り込まれるように葉子が訊いた。

「平安時代の染め師や」

葉子がはっとするような表情になったのを、和久井は見た。

「平安時代の染め師が俺に言うんや、そんなんでええのんか、お前の仕事はそんなもんか、て。これに対して、負けるもんかちゅう気持ちでコツコツやってるだけですわ。抱負いうたかて、あてら染め師は『オリンピックで金メダル獲りたいです』ちゅうようなことは言えへんさかいな。そういうわかりやすい世界やないんや。むしろ死んでからが勝負やと思てます」

ありがとうございました、と葉子は頭を下げた。

「こんなもんでええかな」

そう言って、先生は胸のピンマイクを外した。

「結構です。編集できましたらまたお持ちしますので、ご覧いただけますか」

「そんなもん見とうないわ。おたくであんじょうやってくれたらええ」

葉子は、すみません、お時間オーバーしてしまいまして、と頭を下げてから、和久井に向かって、

「ごめんな、待たせて。でも和久井君でよかったわ。知らん人待たせてるとプレッシャー感じるから」

と関西弁のイントネーションに戻って言った。これを見た梶谷先生は、

「なんや知り合いなんか」

「ええ、和久井君とは大学のゼミの同期なんです。和久井君も、私ともどもよろしくお願いいします」

そう言って葉子は売り込んでくれたのだが、梶谷先生は複雑な笑みを漏らした。

「よろしくお願いしたいのはこちらのほうこそなんやけど、相手がいややて言うんやからしゃあないな」

いぶかしげな表情になって、葉子が和久井を見た。

冷や汗が吹き出した。

「俺はこの時代に棲んでない、平安の匠と勝負してるなんてエラそうなこと言うたけど、一緒にやってくれてる人間に給料も払わなあかん、原料を届けてくれてる農家にも払わなあかん、飯も食わなあかん、こんな俺でも、本も読みたいし、ときどきはうまいもんも口にしたいから、金のことはほんま頭が痛いわ。――ほな、洛信さん、こっちで縁切りの手続きやろか」

梶谷先生が襖《ふすま》を開けた。

和久井は居たたまれなかった。

梶谷先生との解約手続きは、つつがなく終わった。

「お世話になりました」

和久井は頭を下げた。

「でも、葵銀行さんが融資してくれてよかったですね」

思わず漏れた和久井の本心だった。先生が納得できるまで勉強したいというのなら、それをサポートする銀行が現れたことは、めでたいことだと素直に思ったからだ。

「せやな。確かに世間様の基準に合わせたら、自分が無茶言うてることはわかってるから別に洛信さんに恨みは持ってない。ここまでよう辛抱してくれたと思てるくらいやで」

玄関口で頭を下げてから五〇ccに跨がると、電子音が鳴った。スマホにSNSのメールが着信していた。葉子からだった。

「近いうちにどこかで会えへん？」とあった。

本来なら葉子からの誘いは嬉しいはずだったが、今日に限っては気が重かった。

次の日曜日、和久井は朝早くから桜さんにおにぎりを作ってもらって、それをサイクリングウェアのポケットに突っ込み、北へ走った。

鞍馬でスポーツドリンクを補給した。

最近、鞍馬駅からの本格的な登りの前に、駅の自販機でスポーツドリンクを買うのが習慣になっている。あのきれいな赤い自転車にまた出会わないかなと思ってしまうからである。

そして、この日、出会った。

鞍馬を出て三十分ほど登った頃、後ろから女の息づかいが聞こえてきたなと思ったら、赤い自転車が横に並んだ。

サングラスの間からきれいな鼻筋が覗き、荒い吐息を漏らすその口元には微かに笑いが漂っていた。

「こんにちは」

女は言った。自転車乗りどうしはコースですれ違ったりするときに、サインなどで挨拶することが多い。

「こんにちは」

そう言って和久井は、さりげなくギアをひとつ重くした。

後ろから追いつかれたということは、女のほうがピッチが速いということである。

「は、速いですね」

和久井の口から思わず本音が漏れた。

「いえ、たぶん、前が34のコンパクトドライブを使っているからだと思います」

息を荒く吐きながら、そう言って女は笑った。

34というのは、自転車のクランクに付いているギアの歯数である。これが大きいほど重くなり、踏むのに馬力がいるが推進力は増す。小さくなるとスピードは出なくなるが、軽くなる。つまり、コンパクトドライブというのは平地をビュンビュン飛ばすのではなく、斜度のキツい登坂路をクルクルと高回転でクランクを回して登っていくのに適した装備だ。

和久井に追いついたのは、脚ではなくて装備がよいからだと女は謙遜《けんそん》したわけだ。しかし、そのコンパクトドライブは和久井も搭載していた。そっくり歯数まで同じである。つまり、女のほうが強く、和久井は弱いということになる。

女はやがてサドルからお尻を上げて、ハンドルを小さく左右に振りながらダンシングし、加速した。そして道ばたのお地蔵様のように和久井を置き去りにした。脚がまるでちがう。

つづら折りを折り返して登る女の足が、和久井の頭上に見えた。

しかたがない。無理なものは無理だ。

そう諦めて、和久井はボトルからスポーツドリンクを飲んで、自分のペースを維持することにした。それしかやれることはないからだ。

すると、またもうひとりに抜かされた。浅井さんだった。これにはかなわないと最初からわかっているから、「どうもー」と言って見送った。

それでも、多少涼しくなったこともあって、この日は比較的快調にペダルを回すことができた。それは、花脊峠に到着した時、休憩していた浅井さんが「お、思ったよりも早かったやん」と意外そうな顔をしたことでもわかった。

峠に着くと、和久井は自転車に跨がったまま、背中のポケットからおにぎりを取り出した。

「鮭ですけど、ひとつ食べますか」

「え、ええの?」と浅井さんは言った。「すっごい惹《ひ》かれるものはあるんやけど」

「ええ、あとは下るだけですから、ハンガーノックになることもないでしょ」

ハンガーノックというのは、簡単に言うと、ガス欠である。体内のエネルギーが枯渇し、自分の意志にかかわらず、身体に力が入らなくなる状態をいう。ロングライドのように長時間自転車に乗るときは、こまめに栄養補給をしないと、まったく進めなくなってしまうこともある。

和久井はひとつ差し出した。

「せやけど、ふたつ食べるつもりで持ってきたんやろ?」

浅井さんは一応遠慮した。

「登ってくる途中で、なんだか天一《てんいち》食べたくなって。帰りに寄って、こってり味を食べますから」

「ほんまに？　ほな、遠慮なく」

浅井さんは受け取ってラップを剥《む》いた。

おにぎりは自転車乗りが好む携帯食だが、スポーツドリンクとの相性はすこぶる悪い。フレームに装着するボトルふたつのうちのひとつにお茶を入れてくればよかった、と和久井は後悔した。

「そうか、天一か」

おにぎりを頬張りながら浅井さんがふと言った。

「そう聞いたら、むしょうに食べたなってきた。あかん、俺も食いに行こ」

というわけで、一緒に山を下ることになった。

あちこちの草レースに出走している浅井さんと和久井とでは、まるでペースが合わないのだけれど、帰路はほとんど下りなので、ここでは逆にブレーキをかけてペースを落とさなければならないから、ちぎられることはなかった。けれど、平地に下りてからの約一〇キロはさすがに浅井さんの後ろについて走るのはキツかった。それでもなんとか食らいつき、白川通を南に下って、天下一品総本店の長いカウンターに無事並んで腰掛けることができた。

聞けば、浅井さんの住まいは修学院離宮の近くだという。自宅を通り越してここまできたことになる。

「修学院の近くに天一のお店なかったでしたっけ？」

「ないな。それに天一は本店が一番うまいで」

浅井さんは割り箸をふたつにしながら言った。そして、一口頬張ると、うまい、これから天一の季節やなあとつぶやいた。

関西の料理といえば、薄味で繊細というイメージが強いが、ラーメンの天下一品は、餃子の王将とならぶ京都が生んだ濃厚味B級グルメの代表格だ。そのこってりしたスープは、冬場に箸を突き立てると、そのまま直立するという噂もあった。

「浅井さんは、ご職業は大工さんでしたっけ？」

「いや内装業です。そちらは？」

「洛中信金で働いてます」

「おう、それはそれは。もし機会があれば、融資のほう、よろしくお願いします」

「いや、こちらこそ」

こういうふうに趣味から仕事に通じればいいな、と和久井は甘く夢想した。

「自転車歴は長いんですか」

「まあ、大学のときに勧誘されて、それからや」

「部活でやられてたんですか」

「ああ、ロードレースや。この季節は沖縄走ってたな」

「え、ツール・ド・沖縄ですか」

浅井さんはうなずきながら麺をすすっている。

「エリート部門で？」

「ビリのほうやったけどな」

ツール・ド・沖縄はプロチームや職業団チームも出走するきついレースで、ここを完走するだけでも大した脚力と言える。

「そういえば、今日浅井さんの前に女性がひとり走っていたんですが、追いつきませんでしたか」

「いや、見いへんかったな」

「そうですか、すれちがわなかったところを見ると、そのまま西へ下ったんですね」

「あの激坂を登ってさらに向こう側へ下っていったとしたら、なかなかの健脚やな。まさか佐々里峠を越えて、美山のほうを回ってたりはしてへんやろけど」

いや、ありうると思った。佐々里峠まではまたきつい登りになるが、そこからは下りになり、由良川沿いの景観はのどかで、かやぶき屋根の里山が広がる。サイクリングには絶好のコースである。

「それだと何キロコースですかね」

「出発地点とゴールをどこに設定するかによるけど、例えば御所あたりから走りだしたとしたら、一五〇キロになるんちゃうかな」

「そのくらいは走りかねない本格的なフォームでした」

それに、きれいなのはフォームだけじゃなかったですよ、と付け加えようとして和久井はその言葉をコップの水と一緒にのみ込んだ。

そして、美女といえば、今日の昼下がりにもうひとり美女に会う予定を思い出して、今度は憂鬱《ゆううつ》になった。


木屋町通に並ぶ洋館のような喫茶店が待ち合わせの場所だった。

中に入ると、その内装はまるで小さな美術館のようで、人気スポットらしく、日曜日ということもあって店内には人があふれていた。

葉子は奥の隅の席で、薄手のセーターの上に紫色のストールを巻いて、コーヒーを飲んでいた。

「それは?」

前に座ってコーヒーを注文すると、和久井は訊いた。

「これ? 先生の作」

「だと思った。けど、高かったんじゃないの?」

「それはもうめまいがするくらい」

紫色は平安時代には高貴な人が身につける色として、先生が一番力を入れている色だ。

「似合ってるよ」

和久井は素直な感想を口にした。

「ありがとう」

「先生の番組作ってるんだよね」

「うん、来月に放送予定なんやけどな」

「そうか。オンエアーの日程が決まったら教えてよ。ハナマツとかぶらない限り、見るよ」

「ハナマツってなに？」

「『花の金融マン 松浦秀樹』だよ」

「え、私の番組、それに負けるん？」

「それは白崎の番組を見てみないとわからないけどさ。でも、録画してでも必ず見るよ」

「でも、いろいろ上から言われてて、ちょっと迷《まよ》てんの」

「言われてるって、なにを？」

「番組にするバリューが、いま先生にあるのんかって」

バリューって言葉がいかにも〝業界〟らしいと思い、どことなく和久井は居心地が悪かった。

「ないとは思えないけどな」

「でも、あれほどの人やから、逆にもう何度もいろんなとこで取り上げられてるんよ」

「ああ、そういうことか」

「鮮度の問題というか」

「鮮度？　魚みたいに言うんだな」

「とにかく、そういうこと言われてんの。そういうことって大事なんよ、やっぱり」

「そもそも、白崎が先生を取り上げた理由はなに？」

「ちょっと何か企画を出さなと思って焦ってたときに思いついて」

「じゃあ、無理矢理ひねり出した企画だったわけ？」

「最初はそう。でも取材しているうちに、そのすごさがだんだんわかってきたんよ」

「白崎の目から見て、先生ってやっぱりすごいと思う？」

葉子は深くうなずいた。

「で、今日は？」

「そう、それでね、先生と仕事でつながっている和久井君から何か情報をもらわれへんかなと思て」

そうか、と和久井は思った。和久井のほうはてっきり、洛信が〈梶谷染色工房〉との取引をやめるので、それについて葉子から難詰されるものと思っていたのだが、そうではないらしい。

「ずっと取引してたん？」

「そうらしい。僕は担当になって間がなかったけど」

「そやけど、いったん取引は中止にしたんやね」

「残念ながら」

「それはなんで？」

和久井は迷った。元顧客の情報をマスコミにぺらぺら喋るわけにはいかない。

「先生に訊いたら、取引を葵銀行に替えるんや言うてたけど」

和久井は驚いた。

「ひょっとして、あのあと先生と会ったの？」

「うん、今日、お世話になりましたって和菓子持って挨拶に行ったら、じゃあ、お茶飲んでいけって言うてくれたんで、そのときに、和久井君の話も出してそれとなく訊いてみた」

どうやら先生も若い女には脇が甘くなるらしい。

「洛信とは縁が切れてしもうたけど、葵銀行はどんどん投資しますって言《ゆ》うてるんやて」

「投資じゃなくて融資だと思うけど」

「あ、そうか」

「葵はどんどん貸すってるって、先生がそう言ったの？」

葉子はうなずいた。

それで？　と和久井は先を促した。

「先生が染め師としてもう一回勉強し直してるってことは聞いてるんやけど、ひょっとしたらその集大成みたいなものができ上がってるんとちゃうやろかと思て」

「どういう意味？」

「どういう意味って言われても、うまいことよお言われへんねんけど」

「じゃあ意味は訊かないよ。具体例のイメージは？」

「例えば、染め物に関する新しい技法を開発してエポックメイキングな色を作ってほとんど完成してる、とか」

「イノベーションってわけ？」

「まあ、そうや」

イノベーション。信金に勤める和久井には、常日頃の業務ではほとんど意識することのない分野だった。

それに、そもそも草木染にイノベーションなんてものがありうるのだろうか。

「その情報を葵銀行はつかんだんと違うやろか」

ここで和久井はドキリとした。

「そやったら嬉しいんやけどな。新しい切り口ができるから」

今度は額に汗が滲《にじ》んだ。ありうることかもしれないという焦りに似た気持ちが、じんわりと広がりだした。

「けれど、先生からは、こういう技術を開発中で、開発が完成した暁《あかつき》には利益が出るから追加融資を頼むというような相談はなかったんだけど」

不安を打ち消すように、和久井は疑問を投げかけた。

「それは先生があいう人やからとちがうの？」

どういう人なんだよと思った。けれど、一方で、わかる気もした。

まずいなと和久井は思った。白崎の想像が当たっていれば、顧客のそばにいながら情報戦でメガバンクに負けたことになる。地域密着、きめ細かな付き合いを標榜《ひょうぼう》しながら、一番大事な情報をつかみそこなって顧客を取られてしまったということになるじゃないか。

「もっと想像をたくましくするとね」

葉子は言った。

もっとかよ、と和久井は思った。

「ほとんど妄想って感じなんやけど」

「言ってみて」

「ワコールと業務提携の計画とかあるんやないやろか」

「え？」

和久井は心底驚いた。これは思ってもみなかった筋書きである。

「先生、インタビューでワコールやイトキンをライバルと思てない言うてたやん」

「うん」

「ライバルちゃうってことは、共同でなんかやるってこととちゃうやろか」

「まさか」

和久井は笑ってみた。その笑いがゆがんでいるのが自分でもわかった。

「ワコールさん、イトキンさんって、さん付けまでしてたやろ？」

まあ、それは先生の癖にすぎないんじゃないかと和久井は思ったが、不安が頭をもたげてくるのは確かだった。

「ワコールやイトキンさんのああいうのも大変な仕事やとも言うてたし」

確かに言っていた。

「最後に、お金がやっぱり大変やて言うてたから」

「でも、イトキンはともかく、ワコールは下着メーカーだよ。先生とのコラボなんてあり得るかな」

「それは固定観念に縛られてるんとちゃう？　例えば、ワコールがスポーツウェアも出してることを和久井君は知ってんの？」

「いや」

「出してんねんで」

勝ち誇ったように葉子は言った。

「わかった。それで？」

「そしたら、ワコールがスポーツウェアの次に今度はTシャツ出そかなと思たとしよ。でも、いまさらフツーにTシャツ出してもキビシイ。なんか差別化できるもんはないかいな、と思たときにやで、先生と提携して草木染とかどないやろか、って思いつく。ちょっと高級な一枚四千五百円くらいの。なんかええと思わへん？」

葉子は価格まで決めている。また、その数字がいやらしいくらいに微妙である。

「で、葉子の筋書きでは、その情報をどうやって葵銀行はつかんだの？」

「そこはようわからんけど、ワコールと葵銀行が取引があったとしたら、ワコールが

『うちはいま、こういう計画も立ててるんですわ』って話が出て、そこで葵が知るってこともあるんちゃうやろか」

「ワコールみたいな大企業は自分の名前さえ知らないだろうって、先生は言ってたけど」

「そやから、それは先生の謙遜やて」

「そうかなあ」

「知らんわけないやん。先生かて大きく言えばアパレル産業やで。言ってみれば同業者やん」

「アパレル産業、先生の草木染が……」

あれは産業と言えるような規模じゃないと和久井は思った。

「なあ、ワコールが欲しいのは先生の技術や。アートが欲しいねん、いまの先生の規模なんかどうでもええねん。規模は勝手にうちらが大きくしますよってにってワコールは思てんねん」

いつの間にか、葉子の仮説というか妄想の中ではイトキンが外され、ワコール一本絞りになっている。

「まあ確かに」

「それに和久井君、ワコールの本社はどこ？　京都やんか。京都のああいう企業が先生と何かしたいと思うのは当然や」

和久井は言葉を失った。

「なるほどねえ」

七輪をうちわで扇ぎながら、桜さんは言った。先日、寮の台所の奥の戸棚にこの旧世代のコンロを見つけて、こいつでサンマを焼くとうまいんだと言いだし、今日はわざわざホームセンターまで炭と網を買いに行ったらしい。

「しかし、そいつは変な話だな」

団扇を揺らしながら、桜さんは首を傾けた。

「どこがですか」

「やっぱりメセナ的な発想で損益計算書を無視して融資するってのは、おかしいと思うんだ」

桜さんは田中主任の説を否定してから、

「よし、これ持っていけ。一応、こっちに来ないかって声かけろよ」と焼き上がったサンマを皿に移した。

和久井が大根おろしとかぼすを添えた。これにおひたしと里芋の煮っころがしがついて、今晩の夕食となる。

和久井は〝サンマ定食〟のトレイを持って、二階へ上がった。

「目黒先輩」

和久井はノックして、そう呼びかけた。

「置いといてー」

蚊の鳴くような声が中から聞こえた。

最近はドア越しにではあるが、返事をするようになってきている。

「もしよかったら、下に来て一緒に食べませんか」

無駄だとは思いつつも、桜さんの言いつけ通りにそう誘った。

「置いといてえな」

和久井はその言葉に従うことにした。下に戻って、置いておきました、と報告し、席に着いた。

「返事はしたか」

桜さんが飯をよそいながら訊いた。

「いちおう」

その茶碗を受け取って和久井は答えた。

そしてふたりで、「いただきます」と手を合わせ、サンマに箸をつけた。

「うん、うまい。秋はやっぱりサンマだな」

確かにサンマはうまかったが、和久井は先ほどの話の続きが気になった。

「俺もメセナ的な助成と融資の業務は分けると思うんですよ」

「それが金貸し業の基本だよな」

桜さんはごはんを頬張りながら、うなずいた。

「でも、大手の企業と先生がコラボレーションするって話がまとまっていれば、先生の染色工房の将来性を見越して融資しますって話は、あり得る気もするんです」

桜さんはしばらく黙って箸を動かしていたが、

「なんか、そいつもおかしな話だよな」と言った。

「どこがですか」

「もしコラボレーションするのなら、もうめんどくさいからここはワコールってことにしちゃうけど」

「ワコールでいいです。ワコールでいきましょう」

「ワコールのほうから、例えば研究費とか技術提携料とか、あるいは小さいところだと顧問料とか、そういう名目で直接投資の金が先生のところに流れ込むんじゃないのか。だったら、もう融資はいらんだろ。なんで借り換えが必要なんだよ」

「確かにそうですね」

白崎葉子は、ワコールとの提携で先生は次のステージに進むと妄想している。なぜか？　この妄想が妄想でなくなれば、自分の番組に新しい強力な要素を付け足すことができるからだ。

　葉子の仮説は一応理屈がつけられているが、理屈を作り出している原動力は自分の番組作りなのである。

「それに」

　桜さんが、また口を開いた。

「葵はどんどん借りてくれって言っているんだよな、そいつもどうも腑に落ちない」

「どうしてですか。もしワコールとの提携の情報をつかんでいるのなら、考えられるんじゃないですか」

「まあ、百歩譲るとそうなるが、俺の勘だと変だよ、それは」

　こういうときに勘を持ち出すのは勘弁してほしいと和久井は思った。しかし、ここは別の可能性を考えてもらうほうが得策だと踏んだ。

「だったら、本当は『どんどん借りてください』なんてことを葵が言ったという事実なんかなくて、洛信に対する当てこすりとして誇張して言っただけなんですかね」

「そこは人を見てみないとわからない。そういう意地を張りそうな人なのかどうかは、会ったことのない俺には判断できないな」

「それはそうかもしれませんが」

「お前の見立てではどうなんだ」

そこは和久井にもよくわからなかった。けれど、ここはどちらかで判断するしかないと、和久井は腹を決めた。

「そういう見栄を張るような人には見えません」

「じゃあ、謎は深まったってわけだ」

「え、桜さんもわかんないんですか。困るなあ」

「ああ、情報量が少なすぎるよ。それよりハナマツ始まるぞ。そこに何かヒントがあるかもしれない。見ようじゃないか」

ふたりの間では『花の金融マン 松浦秀樹』は完全にハナマツという略称で通るようになっている。

ハナマツはいいなあ、どんな難問も解決できると思っていた和久井だったが、番組も大詰めになってきて、さすがの松浦秀樹もここのところ窮地に立たされることが多くなった。「そのお言葉、倍にしてお返しします」という決め台詞も「俺も薄汚れた金貸しになっちまったもんだぜ」とニヒルに決める口癖も、ここのところ聞けないでいる。

なにせ、松浦秀樹があまりにも正論を通そうとするので、味方だった人間までもが、もう松浦にはついていけないと敬遠しだしたのである。そこに、ここぞとばかりに反松浦派の連中が、重箱の隅をほじくり返すような姑息な手段で松浦を攻撃してくる。

「社則に反するって突かれたのは痛いよなあ」

テレビを消して、肘枕をして畳に寝っ転がりながら桜さんは言った。今回の放送では、過去に犯した取るに足らない社則違反を執拗《しつよう》に追及されていた。

「まあ、なんとかするよ、松浦秀樹なら」と桜さんは言った。

「でも、どうして専務らは松浦をあそこまで執拗に攻撃するんでしょうか」

「そりゃあ、なんかやましいところが向こうにあるからだろう。でっかい悪事を画策している連中は、ちっちゃい違反をことさら大げさに取り上げてカモフラージュするもんさ」

そういうものなんだろうか、和久井はいまひとつ腑に落ちなかった。

「俺はどうもその線だと思っているんだよなあ」

「なにが？」

「例の染色の先生の件だよ」

「え？　でも、ハナマツに出てくるような大悪党は洛信にはいませんよ」

「洛信にはいないけど、葵にはいるかもしれないじゃないか」

「ど、どういう意味です？」

「さあ、なんとなくそう思うだけさ」

そんな、もうちょっと下さいよ、と勢い込む和久井に、桜さんは掌《てのひら》を向けた。

「ま、今日のところはここまでだ」

「え、そんな」

「わからないものは、わからない」

桜さんは首を振った。


その後、葉子は番組のオンエアーのスケジュールを知らせてこなかった。ちょっと心配になって、「その後どうなの？」とメールを送ると、「番組にパンチがないってチーフに言われて……」と返事が来た。「なんか、いいネタないかなあ」とねだるように書かれてあったが、和久井はなにも協力してやれなかった。


まずいことが起きた。

秋が深まって、紅葉が待ち遠しい頃だった。もうすぐ鞍馬の山も赤や黄色に色づくに違いない。次の休みは、あの女がたどったとおぼしき一八〇キロコースを自分も走ってみようと思っていた。そんなことを考えながら外回りから戻ると、すぐに応接室に呼ばれた。

田中主任と三島営業部長がいた。

「お前、なんかけったいなことやったやろ」

田中主任が先陣を切った。

「はあ?」

「後藤さんが来はった」

おかしいな、と和久井は思った。後藤さんは馴染みの大工さんで、堅実な取引をしているはずだ。

「浅井内装店が不渡り出しよったらしいわ」

和久井は驚いた。

「お前が紹介したっていうやないか」

「ええ、後藤社長に誰か知らないかと言われて」

後藤さんがこれまで付き合っていた内装業者の方が高齢になり引退するということで、相棒を探していた。

「誰かええとこあったら教えてもらえへん」

あの日、花脊峠からの帰りに、浅井さんと一緒に天一を食べた時、内装業を営んでいると聞いたのを思い出し、和久井は浅井さんに連絡を取った。

浅井さんも、ありがたい、ぜひやってみたい、と言うので、後藤さんに紹介したのである。

その後、後藤さんのほうに、いかがですか、と様子を伺ったときも、なかなか腕はええし、料金もリーズナブルや、助かったわ、とおっしゃっていたので安心していたのだが。

「しかし、あれはあくまでも個人的な紹介で、決して洛信の業務としてやったわけでは。それに、取引を決断されたのは、あくまでも後藤木工店ですので」と和久井は言った。

「そういう言い訳が通用すると思てんのか」

確かに、完全に無罪とは言えないな、と和久井も認めた。

「お前の友人か」

「はい」

「紹介料とかもろてへんやろな」

「まさか」

「和久井、そこの財務状況とかしっかり確認したんか」

三島部長が言った。

和久井は言葉に詰まった。

自転車仲間としての信頼が、あるいは自転車乗りとしての敬意が、気を緩めてしまったことは否めないと思った。

「もうしっかりせえよ、いつまでも新入りやないんやからな」

田中主任が言った。

「大体、業者の紹介なんかお前の仕事とちゃうやろ」

「しかし、後藤さんから誰かいたら教えてくれと言われたので」

「それやったら、あいにく知りませんて言えばええ話やないか」

「でも、知っていましたから」

「知っていても知らんて言うんや。余計なことするからこんなことになるんやないか」

「僕は余計なことだと思ってません」

田中主任の顔がいっそう険しくなった。

「和久井、いつからお前そんな生意気な口きくようになったんや」

「顧客と顧客を結びつけ、より豊かな地域社会をつくるのも自分の仕事だと思ってますから」

「お前、そんなたいそこと、支店長になってから言え、アホ」

「正しいと思ったことはいつでも言います」

「なんやて！」

三島部長が遮《さえぎ》った。

「田中、もういい。和久井、お前は今回ミスをしたわけやから、もうちょっともっともらしい顔で大人しくしてたほうがいいぞ」

和久井は返事をしなかった。追い込まれた松浦秀樹がそうするように、黙ってじっと座っていた。

「とにかく、すぐに後藤さんのところに行って詫びてこい」

そう言って三島部長が席を立った。追いかけるように田中主任がその後を追った。

俺が一緒に詫びに行ってやると言う羽目になる前に席を離れたな、と和久井は思った。


「お前も言うねえ」

桜さんは、文机の前で焼き栗を食いながら言った。

「ちょっと松浦秀樹の影響受けちゃいまして。それ、俺ももらっていいですか」

「おう、いくらでもいけや」

桜さんは焼き栗を袋ごと渡した。

今日は後藤さんの件であれこれ走り回っていたので、夕飯は外で食いますと桜さんに連絡して、外食した。桜さんも、それじゃあ俺も外で食うかと言って外ですませてきたらしい。

「何食ったんですか」

「俺か？　ステーキだ」

「なんですって、俺が食ったのは生姜焼き定食ですよ」

「奢られたんだ。お前から預かってる食費には手をつけてないから心配するな」

「どこで食ったんですか」

「ＡＮＡホテル」

和久井は切歯扼腕《やくわん》した。

「誰が桜さんにそんな高い肉を奢るんです？」

「まあ、出版社かな」

和久井は桜さんの文机を見た。本だらけである。

経済学や金融学の本のほか、『唯識思想』という大乗仏教の本や、量子力学の解説書、グレアム・グリーンなどのミステリー小説、『アメリカ映画ベスト二〇〇』、『ゲーデル・エッシャー・バッハ』という版画の本なのか音楽の本なのかよくわからない、やたらと分厚い本までが積み上げられている。

「いったい桜さんの本業は何なんですか」

「その話をしたいのか、内装業者の不渡りの件のほうがいいのか、どっちなんだ」

和久井はちょっと考えてから、

「いや、やっぱりトラブル処理のほうが急務です」と追求をあきらめた。

「だよな。とにかく松浦秀樹とお前はキャラが違うんだから、下手に真似すると大怪我するぞ」

「そんなことはわかってるんですけどね」

和久井はふてくされて焼き栗を頬張った。

「まず今回の件は、お前がしくじったことは確かなんだ」

「それにしても、まさか浅井さんがつぶれるなんて思いもしなかったんですよ」

栗の固い皮に爪を突き立てながら、和久井は言った。

「けれど、そりゃあ部長の言う通りで、知り合いを紹介するときはいつも以上に慎重になるべきだったよな」

「でも、桜さんは人的ネットワークが財産なんだって言うじゃないですか」

「ああそうだよ」

「俺は人的ネットワークを使って人助けをしたつもりだったんですよ」

「それはいい。でも、やっぱりお前はビジネスマンなんだから、慎重ではあるべきなんだ。だから、これからは同じようなことをするときは、それなりに調べろよ」

あまりにまともすぎる忠告に、和久井は仏頂面で応えた。

桜さんは笑った。

「そういえば、今日おもしろいことがあったぞ。お前、残業してたから、今日のニュース番組見てないだろ」

ええ、と和久井が言うと、桜さんはリモコンを取って録画用のディスクレコーダーとテレビを起動させた。そして録画リストのハナマツの下にある『報道チャンネル』を再生した。

「誠に残念なニュースです」

メインキャスターの横溝竜彦がカメラに向かって神妙な表情で喋りはじめた。

「本番組でコメンテーターを務めていたジョン・スチュアート・御手洗氏について、経歴詐称が発覚しました。本日発売の週刊誌『文明春秋』が報道したところによりますと、ジョン・スチュアート・御手洗氏は、最終学歴をハーバード・ビジネス・スクール出身と称しておりましたが、そのような事実はないということです。これにつきまして本日、御手洗氏自身から当番組に連絡があり、『文明春秋』の記事内容を大筋で認めた上で、本日以降の当番組への出演を辞退したいと伝えてきました。『報道チャンネル』はこの申し出を受け、ジョン・スチュアート・御手洗氏を当番組のレギュラー・コメンテーターから外すことを決定いたしました」

桜さんがもう一度リモコンを操作すると、横溝竜彦をアップでとらえたテレビがぷつんと消え、画面は黒一色となった。

「ま、このあとは番組の謝罪と言い訳が続くってわけだ」

和久井は開いた口がふさがらなかった。

あの独特のバリトンを持つ、ダンディで、知的な風貌の、実にかっこよかったJ・S・御手洗が……。

和久井は当初、彼が書いた『ビジネスマンのためのMBA入門』をめくって勉強していた時期があった。それを見つけた桜さんは、一瞥《いちべつ》しただけで、ゴミ箱に放り込んだのだった。

「まあ、本当は学歴なんかどうでもいいっちゃあいいんだよ、ただ、あの参考書は結構ヤバかったからな」

和久井は悔しくて、むしゃむしゃと焼き栗をむさぼり食った。

「お前のいいところは人を信じることだ。けれど、用心することも大事だぞ」

「そうはおっしゃいますが」

和久井は、焼き栗で膨らんだ頬をもぐもぐやりながら反論した。

「人を慎重に査定するような人間なら、ホームレスを家に上げて一緒に住もうなんて提案しませんよ」

「そりゃあそうだな」

桜さんは愉快そうに笑った。そうして、和久井が抱える焼き栗の袋に手を突っ込んで、自分もまたその皮に爪を立てた。

「だったら、俺が人を安易に信じるのは、桜さんが原因かもしれないじゃないですか」

「おいおい、変な理屈だぞ、それは」

「変なのはわかってます。だけど、安易に人を信じさせた張本人として、人を信じてしくじった俺に、ほかに何かいいアドバイスはないんですか」

「そうだな、この件に関しては勝ちはないんだ」

「まあ、そうです」

「だけど、うまく負ける方法はないではない」

「本当ですか」

「ああ、こういうときに俺は嘘は言わんぞ」

「ぜひ教えてください」

「その前に、俺はいま新たな真実を知ったんだが、それを先に教えてやる」

「なんですか」

「焼き栗にビールは意外と合う」

「はあ？」

「ビール飲みたくないか。ちなみに俺はとても飲みたい気分だ」

「汚いなあ」

和久井は財布から五百円玉を取って握ると、下の台所に降りていって〈ビール箱〉に放り込んだ。そして冷蔵庫を開けると、キリンの〝秋味〟をふたつ取った。

翌日、出勤すると和久井は、まず五〇ccに跨がって、後藤さんの事務所「後藤木工店」に詫びに行った。後藤木工店は、京都の南、伏見の畑の中のプレハブ小屋にある。

「あんたの推薦やから安心して付き合《お》うたのに、どういうこっちゃ」

後藤さんは事務椅子に背中を預けて、昨日と同じ台詞を繰り返した。

「すみません」

和久井はまた詫びた。

「つきましては、浅井内装店の仕掛かりはどのくらいになりますか」

こんなことをいまごろ確認するのは遅すぎるくらいだが、昨日は取り付く島もない状態で、とりあえず叱られる日にしてしまったのである。

後藤さんは、和久井の目の前で片手を広げた。

「五百万ですか」

「そや。五百万渡した途端に不渡り出して、夜逃げや。あんたらにしてみたら大した金とちゃうやろけど、かみさんと一緒に、一人親方で自転車操業してるうちみたいなところは大打撃やで、ほんま」

和久井は内心、さほど大きな額ではないのでほっとした。

「ほんまはなあ、工具の買い替えとかも考えなあかん時期やったんや」

「どのくらいの追加投資を考えてたんですか」と和久井は訊いた。

後藤さんは、いま使っている電動かんなやら、資材置き場やら運搬用車やらが、いかに使いづらくて苦労しているかを愚痴こぼしながら事細かに説明した。和久井は神妙に相づちを打ちながら聞いた。そして、後藤木工店が最終的にあと五百万円くらいの借り入れを考えていたのだが、浅井内装店の今回の不渡りでこれがパーになったということを把握した。

ここで和久井は後藤さんに頭を下げて、いったん支店に戻ることにした。

五〇ccのシートの上では、深秋の風はむしょうに冷たかった。自分でチェーンを回す自転車なら身体が発熱するので、こんな気候はむしろ気持ちがいいくらいなのだが。


店に戻った和久井は、田中主任と三島部長に声をかけ、少し話をさせてほしいと言って会議室に来てもらった。

「昨夜一晩考えまして、今回のことにつきましては私の不注意であったと深く反省いたしました。申し訳ございません」

和久井はまず詫びた。

ふたりの上司は黙っている。田中主任は、いまごろ詫びても遅いわいというふうに腕組みをしている。三島部長は、ここから先の展開を読もうと湯呑み茶碗に手をかけてこちらを窺っている。

「で、後藤木工店に関しては、付き合いも長く、ここまでは財務状況にも大きな問題はありません。また、浅井内装店の不渡りで、連鎖的に後藤木工店の経営の具合が悪くなるのも、洛信にとっていいことではないと思います」

「具合が悪なるような感じなんか」

田中主任が顔色を変えた。

「それやったら、先に引き揚げんとあかんで」

「いえ、いまのところ、そのような心配には及ばないと思います。こちらが損益計算書です。ご覧ください」

一応、後藤木工店は、多少の浮き沈みはあるが、おおむね堅調な経営を続けていると言える。

「せやけど、個人建築業なんてのは景気の波をモロにかぶる業種やろ？」

「おっしゃる通りです。ですから、逆に後藤木工店には競争力をつけていただかなくてはならないと思います。後藤社長が言うところによると、大工さんの世界にも技術的な進歩があって、できれば新しい機器の導入もしたいそうなのです。いまある倉庫の状態も理想的とは言いがたいそうで。そこで、あと一千万ほどの融資ができないかと」

「なんやて？　後藤木工店は、まだローンが残ってるんとちゃうか」

「ええ、一千万ほどですが」

「そんなんで二重ローンを耐えられるのかいな」

「それで、ご相談なのですが、ローンを合わせて一本化し、返済期限を延ばすというのはどうでしょうか」

「おいおい」

という田中主任の呆《あき》れ声に、

「なるほど」

三島部長の声が重なった。

「それで審査を通していただけるとありがたいのですが」

「お前、最近厚かましなったなあ」

田中主任がしみじみとした声で言った。これにはさすがに和久井も、むっとした。本来なら松浦秀樹を真似て、

「田中主任に厚かましいと思われるのは承知の上です。ミスを犯した者は意見を述べず、ただ殊勝な顔をして小さくなっていろ、と思っておられることも存じております。

けれど、そうやって空気を読んで波風立てないように振る舞うことが、果たして洛中信金によい結果をもたらすでしょうか。今回私はミスを犯しました。このこと自体については、何ら申し開きをするつもりはありません。しかし、ミスした者がするべきことは、神妙な顔をして机に座っていることではないと思います。むしろ、リカバリーするために全力を尽くし、その案を提出することだと信じて、このようなご相談をしているわけなのです！」

などと啖呵《たんか》を切りたかったのだが、前の晩に桜さんから「キャラが違うぞ」と釘を刺されていたので、

「あ、すみません、気をつけます」と頭をかいた。

「よしわかった」

三島部長が口を開いた。

「ただし、一千万とちごて九百万にしろ」

なるほどと和久井は思った。一千万円以上の融資には本店の審査を通さないといけない。九百万に下げれば、支店長の印鑑で通る。各支店の支店長はイケイケ派と慎重派が交互に来るように回っている。そういう具合にいい塩梅でローテーションを組むのは本店人事部の大事な仕事だということは桜さんに教わった。幸いなことに、今期から赴任した支店長は前者のタイプだ。三島部長は支店長からの信頼も厚い。まだ安

心はできないが、イケそうである。

この案を持って和久井はもう一度、後藤木工店に五〇ccを走らせた。

「ほんまにそんなことできんのか」

後藤さんは半信半疑の表情をつくった。

「まだ支店長の了解は取ってませんが、部長には伝えました。そこで方向性として、この案をどう思われるか確認に参ったわけです。もし後藤社長が前向きならば、私がこの融資案を推します」

「あんたが推したら通るんか」

「そこはわかりませんが、ある程度の自信はあります」

そうかと言って、事務所の椅子に座っていた後藤さんはグレーの事務机に肘を乗せて頬杖をつきながら考えていたが、やがておもむろに口を開いた。

「まあ今回の件は、俺も相手のことをきちんと調べるなりしたほうがよかったとも言えるから、全部が全部あんたに責任を押しつけるのもまちごうてるわな。それに、その条件で借りられるんやったら確かに助かる。正直、いまの道具でここから十年はやってられへんさかいに」

「じゃあ、進めますので、こちらの用紙を置いていきます」

一週間後、この件に関しては、支店長が判を押し、後藤木工店と和久井との痛み分けという形で決着がついた。

その翌日、和久井は田中主任と向かい合って人事考課の面接を受けた。田中主任は後藤木工店での和久井の失態、そしてそれに対する和久井の態度をふてぶてしいと称して、この点について注意を与えた。そして、金融商品をあまり積極的に営業しないこと（これは顧客にリスクを取らせるなという桜さんの助言の影響であった）をとがめた。和久井は反論しなかった。

今期、和久井がもらった評点はCだった。

秋の夜空を仰ぎながら、賀茂川にかかる橋を渡り、家路をたどる和久井の胸に、田中主任はどうして主任になれたんだろうか、という素朴な疑問が宿った。

確かに、根っからの悪人というような人ではない。仕事もてんでできないというわけでもない。しかし、責任を取るのをあんなに嫌い、面倒なこととはなるべく関わり合いにならないことに全力を傾け、部下のミスをカバーしようともしない人間が、それなりの位置にいるというのは、これは洛信の社風なんだろうか、それともサラリーマン組織というのはそもそもそんなものなんだろうか。そこは社会人二年目の和久井健太には、わからなかった。そして、この点についてはぜひ桜さんに訊いてみたいと思った。

わかば寮の門を抜けると、軒下に停めてある和久井のクロスバイクの隣に、エメラルドグリーンのロードバイクが並んでいた。和久井の胸は高鳴った。そのブランドとカラーに見覚えがあったからだ。

鍵もかけないで、その自転車は玄関口に置いてあった。そんなふうにこんな高級バイクが放置されるなんてことは、通常はあり得ない。ハンドルに紙切れが貼り付けてあった。そこには、こうあった。

「今回は悪いことをしました。サイズが合わないので乗れないとは思いますが、売ればいくらかにはなるはずです」

書き付けを剥《は》がして、かがみ込み、和久井はフレームを調べた。防犯登録シールを剥がした痕《あと》があった。

「まったくもう」

浅井さんが、謝罪の気持ちとして愛車を和久井に残していったことは明白だった。だからといって、専門店に持っていって売り飛ばし、その金をポケットにねじ込むことなどできないし、また、粗大ゴミに出すのも、あまりにも高級すぎて、自転車乗りとしては耐えがたい。

とりあえず和久井は、その自転車を、わかば寮の玄関を入ってすぐの三和土《たたき》の壁に立てかけた。

まったく、最近はろくなことがないな、と思いながら靴を脱いでいると、桜さんの声がした。

「おー、いま帰ったのかー」

「帰りましたよー」

そう言いながら和久井は立ち上がった。

「しっかり働いてきたか、若者」

声は共同台所から聞こえてくる。共同といっても、桜さんと和久井だけしか使わず、正式なわかば寮の入居者としては和久井が独占しているのだが……。

「働きましたとも」

和久井は声を張り上げた。

「働いて、叱られて、嫌味言われてＣ評価。あー腹減った、今日はなに食わしてくれるんですか」

ガラス戸を開けた和久井は、自分の目を疑った。

そこは共同台所になっていた。

「め、目黒先輩、何やってんですか」

「見りゃあわかるだろう。たこ焼き焼いてんだよ」

桜さんが的外れな解説をした。

確かに、たこ焼き器を前に目黒先輩が両手にピックを持って、半分焼けたたこ焼きをひっくり返している。

その横で桜さんは、焼酎のお湯割りかなんかを飲んでいる。

「目黒の兄ちゃんが、関西ではたこ焼きにキムチ入れたり、明太子入れたり、納豆入れたりするって言うんだが、本当かね」

和久井よりも先にボソリと答えたのは目黒先輩だった。

「タコだけやと飽きるさかい」

「そんな、わざわざ錦市場で仕入れたタコに対して失礼じゃないか」

桜さんはそう抗議した。

和久井は鞄を置いて、テーブルに着き、

「具材が何かわからないようにして、食べてから、あらーってなるのが楽しいんですよ、ね」と目黒先輩に笑いかけた。

目黒先輩は、たこ焼きをピックを使ってひっくり返しながら、微かにうなずいた。

「納豆なんか入ってるんだから、まるでロシアンルーレットだな」

和久井が自分の焼酎のお湯割りを作り終えた頃、目黒先輩がピックで挟んだたこ焼きを皿に並べた。

和久井がソースを塗って、青海苔を振りかけた。

「その青海苔、錦市場で仕入れたんだ、な?」

桜さんが目黒先輩に同意を求めた。

「ふたりで行ったんですか」

「ああ」

目黒先輩は外出したのか。それはいいことだと思った。部屋を抜け出して、外気に触れて街を歩いて、買い物をする。これは大きな進歩なのではないか、と和久井は直感的に思った。そして、できれば自転車に乗ってもっと遠く、もっと長く走ればいいのではないかという考えが一瞬、和久井の脳裏をよぎった。

桜さんが手を合わせた。

和久井もそれに倣った。

目黒先輩は一瞬、不思議そうな顔をしていたが、同じように手を合わせた。

「いただきます」

三人の声が重なった。

「さーて、いくぞ」

そう言ってひとつ頬張った桜さんは、顔をしかめて、「やられた」と言った。

和久井は声を上げて笑った。

目黒先輩も微かに口元を緩ませている。

和久井もひとつ頬張った。ウィンナーが入っていた。これもまたオツなものだと思うことにした。

四章

冬

メガバンクの甘い罠には要注意

「融資」を賢く利用する。それがお金持ちの鉄則！

「先輩、起きられますかー」

和久井が板戸をノックしてそう呼びかけると、中から「ふぁーい」とダルそうな声がして、目黒先輩が顔を出した。

共同台所に降りると、いつものように米の炊ける匂いがして、桜さんが味噌汁の鍋をかき回していた。和久井はダイニングテーブルの一辺をつかんだ。その対辺に目黒先輩が手を伸ばす。せーのと言って、ふたりでダイニングテーブルを持ち上げると、フロアの隅に寄せた。

そうして空いたスペースに、今日は三人で立った。桜さんがｉＰｈｏｎｅをいじるとＢｌｕｅｔｏｏｔｈで接続されたＢＯＳＥのスピーカーが鳴る。

軽快なピアノの伴奏に、元気のいい声が重なる。

「腕を前から上に上げて大きく背伸びの運動」

ラジオ体操第一である。

目黒先輩はすこし遅れ気味であるが、いちおう手と足を動かしている。

ピアノの旋律を乗せているリズムがスローになり、ルートの和音に戻って、三人がゆっくり手を上から身体の横に下ろすと、朝の体操が終わった。

桜さんが、ご飯を炊飯器からよそう間に、目黒先輩と和久井はダイニングテーブルを元に戻し、タオルを肩にかけて洗面所へ向った。

そろって席に着いた三人は、いつものように、いただきます、と手を合わせてから、あじの開きと卵焼きと味噌汁の朝飯に取りかかった。

目黒先輩が起き上がって一緒に飯を食うようになっても、桜さんは出勤を促そうとはしなかった。人事のほうが、そろそろこのへんが限界かな、と見極めようとしていると感づいた和久井が、一応、いったん金庫に顔出して、ご迷惑かけましたって挨拶したほうがいいんじゃないですかね、と提案したときも、これを一蹴《いっしゅう》した。

「そこまで持っていくには、もうちょっとかかるだろう」

「けれど、間に合わなくなったら元も子もなくなりますよ」

「逆にプレッシャーかかるぞ。どうだい目黒君、いつから出勤できそうかな、の一言で逆戻りだ。そんなことはないってお前が保証するのなら連れていけばいいけどな」

まだ社歴の浅い和久井には、そのあたりは、てんで見当がつかなかった。

「とにかく来週あたりには医者に連れていくから、それまでは待ってろ」

「大丈夫ですかね」

「大丈夫じゃなかったら、その解雇は不当だとお前が闘ってやれ」

「俺が、人事部とですか」

それはさすがに荷が重い、と和久井は思った。

「そうだ」と桜さんは言った。「それが友愛ってもんだ。松浦秀樹ならきっとやるぞ」

「松浦秀樹とはキャラがちがうんで無理するなって言ったじゃないですか」

「いや、そこんとこはかぶっててていいんだよ」

「どういう理屈ですか」と和久井は呆れた。

それから、ここ一週間の目黒先輩の日課を訊いた。

朝は一緒に朝飯を食べたあと、桜さんとゆっくり賀茂川べりを散歩する。

昼は部屋で過ごしているが、三時頃になると桜さんが銭湯に連れていく。

「そんなに早いうちから湯に浸かってるんですか、いいなあ」

「ばか、相手は病人だぞ」

風呂から帰ったあと、桜さんと一緒に近所のスーパーに行って買い物をする。ときどきは桜さんが買い物のメモを渡して、一人で買いに行かせることもあるらしい。

「金を払って物を買うってことが、社会とのコミュニケーションの第一歩なんだと俺は思ってるんだ」

桜さんは買い物の意図をそんな風に説明した。それは確かにそうだと和久井も思った。

「あと、起きてパソコンをいじるのも、外界への接続という意味ではいいんだ。寝てるくらいなら、ドラマを見たっていい」

桜さんは、和久井のハードディスクレコーダーに残っていた『花の金融マン 松浦秀樹』を全部Blu-rayに焼いて、渡したらしい。目黒先輩は貪るように見て、ついに和久井や桜さんに追いつき、次回の最終回は一緒に見ようということになっている。

その後は夕飯まで自由時間としているが、ときどき桜さんの料理を手伝うこともある。また、共同台所でコーヒーを飲みながら、金融や経済について、桜さんから講義を受けるときには、目黒先輩も同席するようになっていた。癪《しゃく》なことに、こういう勉強は目黒先輩のほうができた。

こうして振り返ると、大した進歩という気もする。と同時に、仕事に復帰するまでの道はまだまだ長いという感慨も捨て切れなかった。

「桜さん、ごはん余りますかね」

卵焼きに箸をつけながら、和久井が言った。

「ああ、大丈夫だ、今日は遠出するんだよな」

「ええ。余るのならおにぎりを握ってくれますか」

「ああ、こだま屋の佃煮いれてやるよ」

「嫌味だなあ」

こだま屋には、ときどき買い物に行かされる。確かにここの佃煮はうまいので、買ってこいと言われれば喜んで買いに行く。ただ、本店で買えと言われるのがつらい。ときどき、ご主人と顔を合わす。何も言ってもらえない。こちらも、もう何も言わなくなった。ただ、店を出る間際には、おおきに、とだけ声をかけれる。

「なくなったから、帰りに一瓶買ってこい。必ず本店で買ってくるんだぞ」

「どこに行くの？」

目黒先輩が訊いた。

「ああ、今日はサイクリング」

「すごいなあ」

一生懸命やっているつもりでも、落ち込むことが多い。そんなとき、ゆっくりペダルを回して山の空気の中に身をさらしていると、少しだけ気が軽くなるのだ。

「俺の精神安定剤だから。なにせ今期はC評価を食らっちゃったしね」

目黒先輩の前でこういう言葉を使うべきじゃなかったかなと後悔したが、すぐに桜

さんが、

「いいことだってあっただろう、ほら野村君の」と注意した。

和久井は飯を頬張りながら、うなずいた。

先日、草むしりの野村君が店に三十代後半とおぼしき男を連れてやってきて、和久井を呼び出した。

「この人が歯医者さんを開業したいんやて。そやから設備を整えるのに、お金を借りたいいて言うてはるねん」

和久井は驚いた。野村君が連れてきたのはお客さんらしい。

実は、野村君が草むしりの休憩時間に、軒先を借りて、出してもらったお茶とお菓子をいただいていると、高齢のご主人が「若いのに、こういう商売をやって立派だな」と褒めてくれた。

資本金はどうしたんだと訊かれたので、洛中信用金庫に融資の相談に行ったら、そこではハネられたのだけれど、対応してくれた人が親切にも日本政策金融公庫を紹介してくれて、書類審査についての注意点や、ちょっとしたコツまで教えてくれた、と言った。

感心したご主人は、だったらうちの息子が今度勤務医を辞めて木屋町に歯科医院を開業すると言っているのだが、洛信さんに頼むかな、と言うので、

「洛信だからいいってわけじゃないみたいです。和久井という人に頼むといいと思います」と言って和久井の名刺を見せ、それをスマホのカメラで撮るご主人に向かって、「僕がお連れしますよ。その人には本当に世話になったので」と言ってくれた。

保証人は開業医をしている父親である。担保は父親の家屋敷とした。純資産に文句のつけようがなく、審査はすんなり通った。

「一銭の得にもならなかったけど」と夏にビールで乾杯したが、秋の終わりに、和久井は桜さんがいつも言っている「人助けにこそビジネスチャンスがある」ということを実感することになった。

「今日はどこに走りに行くの？」

味噌汁の椀に口をつけて、目黒先輩は言った。

「花脊と佐々里のふたつの峠を越えて、美山を回って嵐山のほうから戻ってこようかなと」

前から走ってみたかった、京都北部の山をぐるりと西へ回る一五〇キロほどの行程である。このロングライドは、もうこれ以上寒くなったら道路が凍結して登れなくなる恐れがある。来週は天気が崩れそうなので、出かけるとしたら今年は今日しかチャンスはない、そう和久井は踏んでいた。

いつものように、おにぎりをジャージの背中のポケットに押し込んで、愛車を自分の部屋から玄関へと降ろした。三和土《たたき》にはエメラルドグリーンのロードバイクが置きっ放しになっていた。この滋味あふれる緑が目に入るたびに、後藤工務店の一件が思い出され、神経に障る。

嫌な思いを振り払うように、カチッ、とビンディングシューズの留め金をペダルにはめ込むと、和久井はペダルを踏み込んだ。


上賀茂の農家の庭の前を通ると、すぐき漬けがずらりと石に漬け込まれた樽《たる》が並んでいた。京都の冬の始まりを告げる光景である。

いつもの通り、ノートルダム女子大を越えて宝が池を左に見て、どんどんと北へ登っていく。鞍馬では紅葉の名残に足を止め、駅前の自販機でいつもの通りスポーツドリンクを補充した。身体も温まってきたので、ウィンドブレーカーを脱いだ。

今日はいつもよりも長時間走るので、花脊峠までの急勾配はペースを落として走る。吐く息が白い。足元に流れる渓流の水も、いかにも冷たそうだ。

花脊峠まで登り、いったんウィンドブレーカーを着て、今度は約一〇キロの急斜面を下る。下りきったところで、府道三八号線に乗り換え、そして、また一五キロほど登っていく。後半の三キロは斜度が急になり、すでに峠をひとつ越えてきた和久井の足にはかなり応えた。

佐々里峠名物の石堂が見えた。石堂といっても、ただ石で囲った箱で、別段大した風情は感じない。が、佐々里峠を越えようとする者は、この石堂が見えるとほっとするのだそうだ。スポーツドリンクを飲んで、ウィンドブレーカーを着て下りに備えた。道幅が狭い急な坂を下っていく。路面の状態があまりよくないのが、ハンドルに伝わる振動でわかる。

道の端に自転車を停めて、手を振っているサイクリストがいた。その自転車は山に映える紅葉よりも赤かった。人影が大きくなる。サドルの上で和久井はあっと小さく叫んだ。

「どうかしましたか」

自転車を停めて、和久井が声をかけた。

「すみません」と言って、女はサングラスを外した。

きれいな鼻筋の横に、切れ長の涼しい目が現れた。

「パンク修理手伝ってくれはりますか？」

パンクですかとつぶやいて、和久井は片膝を立ててしゃがみこんだ。脚と心肺機能はそんなに強くないが、自転車のメカニックは得意なほうである。

「前輪ですか」

ええ、と女は言った。

たぶん、路面の悪いところに突っ込んで、リム打ちパンクをしたのだろう。

クイックレバーを緩めて、前のホイールを本体から抜き出し、タイヤを外してチューブを引っ張り出した。

「走るのはええんやけど、メカが苦手で……」

女は横で言い訳をしている。

チューブを調べると、やはり、リム打ちパンク特有の大きな穴が開《あ》いていた。

「これ、かなり穴がでかいので、パンク修理のパッチでふさげないと思います。換えのチューブ持ってますか」

女は首を振った。

「この間、パンクしたときに使《つこ》てしもうて、補充するのを忘れたみたい」

こんな山を走るのにスペアのチューブを持ってこないなんて、なかなか豪胆だなと思いながら、和久井は自分のサドルバッグから巻いたチューブを取り出した。

「あの、それは自分のスペアとちゃうの？」

「ええ、まあこうするしかないので」

和久井は束ねていた輪ゴムを外し、大きな輪にしたチューブを肩にかけた。

「そしたら、自分がパンクしたとき困るやん」

まあ、それはそうなのである。

「そのときは、別のサイクリストを停めて、その人からもらいます」

そうだ、つまりそういうことなのだ、と和久井は思った。まともな自転車乗りなら、ここで立ち往生している同好の士を見捨てていけるわけがない。それが共感と友愛なのだな、と思いながら、古いチューブを外して、異物がないかを確認し、新しいチューブをリムの溝に沿って置いてからタイヤを嵌《は》めていった。

和久井はタイヤの嵌まり具合をじっくり確認した。タイヤとリムの間にチューブが挟み込まれでもしていたら、空気を入れた途端にまたパンクする。そうすると、もう換えのチューブがなくなり、万事休すとなるからだ。

「よし」

和久井は独り言のようにつぶやいて、サドルバッグから小さなボンベを取り出した。

「なに、それ」

「二酸化炭素が圧縮して入っているボンベです」

そう言って、黄銅《おうどう》色の円筒形容器をアダプターにセットすると、冬用の手袋でつかんで、フレンチバルブにぐいっと押し込んだ。

シュー、という音とともにタイヤは一瞬で膨らんだ。携帯用空気入れについている気圧計で測ったら、八気圧ちょっとだったので、ちょうどよかった。ホイールをフロントフォークに嵌め込み、キャリパーブレーキのクイックレバーを締めた。

「できました」

和久井はサドルバッグからウェットティッシュを取り出すと、汚れた手を拭いた。

「使いますか」

和久井はウェットティッシュを女に差し出した。女の手も汚れている。和久井が来るまで、自分なりに慣れない修理に挑戦しようとしたんだろう。

「あ、すみません」

女は受け取った。

落ち着きを取り戻した和久井の耳に、せせらぎの音が入ってきた。

脇には由良川が流れている。きれいな川である。

汚れたウェットティッシュと使用済のボンベ、それから修繕不可能になったチューブをまとめて背中のポケットにねじ込もうとしたら、出かけるときに桜さんから渡された、ラップで包まれたおにぎりが入っていた。和久井はまずそれを取り出した。

「あ、よかったら食べませんか」

和久井はひとつ、女に差し出した。

「僕の背中で微妙に温かくなっているので、おいしいですよ」

場合によっては気味悪がられるような薦め方だったが、女の手はおにぎりに伸びた。

チューブとボンベをもらって、パンクの窮地を救ってもらったのに、断るのも愛想がなさすぎると思ったのかもしれない。

おいしい、と女は言った。

「この佃煮って、ひょっとしてこだま屋さんの?」

「そうです。よくわかりましたね」

「やっぱりおいしいもん」

「こだま屋の佃煮好きなんですか」

「ええ、ほかにも好きなところはあるけど、一番よお買うんは、やっぱりこだま屋さんかな」

「おいしいですよね」

和久井は同意して、心の中で、旦那さんは本当に食えない人なんだけど、と付け加えて、おにぎりを頬張った。

さて、自分はいま、きれいなせせらぎの畔《ほとり》に立って、きれいな女とおにぎりを食べている。ロマンチックなんだか野暮ったいんだか、よくわからない、和久井はそう思った。

「一度お逢いしてますね」

和久井は思い切って言った。

「二度やね」

女が修正した。

「一度は鞍馬の駅前で、二度目は花脊峠の手前で」

気がついてたのか、と和久井は思った。

女は和久井の自転車のギアを見た。

「あ、私と同じギア比やね」

同じギアで坂の途中で置いていかれたことを、ひそかに想いを寄せている女に知られたのはなかなか屈辱的である。

「坂が苦手で」

和久井はそう言い訳した。

女が訊いた。「そろそろ行きます」とサドルに跨がって去っていくのではなく、一緒に走りましょうと誘っている。

「そろそろ行く？」

「ええ、行きます」

そう言った和久井の胸には不安が育った。

ここから先は坂らしい坂はない。平坦基調でなだらかに下っていく道だ。花脊峠の手前で抜かされたのを「坂が苦手」と言い訳した和久井だが、平地でもちぎられるような醜態をさらしたら、パンク修理で稼いだ好感度は激減してしまうだろう。「平地もそんなに速くないんです。要するにヘタレです」と予防線を張っておいたほうがいいだろうか、と迷った。

女はヘルメットをかぶり、サングラスをかけてサドルに跨がり、そして振り返った。

「ほな、行こ」

和久井も慌てて、ヘルメットをかぶった。


幸い、女のスピードはそれほど速くはなかった。しばらく行くと道幅も広くなったので、前後に車の気配がまったくないときには、前を走っていた女が和久井の横に下がってきたり、後ろから上がってきたりして、

「かやぶきの家が見えますね」とか、

「あ、あそこでおばあさんが蕪《かぶ》を洗ってる。千枚漬けにするんやろか」

などと和久井に声をかけた。

川べりのおにぎりよりも断然ロマンチック度が上がり、和久井は幸福感に包まれた。

これまでのライドは、ひたすらペダルを踏んで、嫌なことを忘れるため、何かを振り切るためのものだったが、いまはもっともっと減速してゆっくり走っていたいハッピーなものになっていた。

北から南へ下りるにつれて、道の左右に広がる風景もほんの少し賑わい、道路に面

して観光客用の土産物屋や食事処も目につきだした。

そろそろトイレ休憩を入れようかなと思っていた頃、前を走っていた女がハンドサインを出して、後ろに下りてきた。

「この先にカフェあるから、よかったら休憩せえへん？」

ノーと言う理由などあるわけがなかった。


古民家を改造したカフェの座敷で、抹茶ケーキとコーヒーを注文した後、女があらためて、今日はほんまにおおきに、とかしこまった。

「あのままやったら、夜通し自転車押していかなあかんかったわ」

内心、女の前輪をパンクさせた府道三八号線の路面に感謝していた和久井は口ごもりながら、いえこちらこそ、と要領を得ない返事をした。

「お名前訊いてもええですか」

女が言った。

「和久井です。和久井健太です」

「里中宏美です」

「スタート地点はどこですか」

「五条です。お東さんの近く」

その言い方から、和久井は京都の人だなと推察した。真宗大谷派の東本願寺のことを京都の人は〈お東さん〉という。西本願寺は〈お西さん〉である。あの界隈は京都独特の因習がまだ強く残る場所だ。

「京都の人やないですよね。――言葉が」

「東京から。京都には大学からです」

「それで、そのままこっちに？」

「はい。関東のアクセントだとこの町に溶け込めない気がして、こっちの言葉を使おうと思ったんですけど、やっぱりニセモノだとわかるみたいで」

「そやね」

「気持ち悪いって言われて」

「気色《きしょく》悪い、やね」

里中宏美は訂正した。

和久井は勤務先を訊かれるかと思って身構えたが、彼女は追及しなかった。

「でも、五条からだとそうとう走りますよね。いつもこんなにロングライドなんですか」

和久井は自転車に話題を戻した。

「ううん、花脊峠で引き返したり、もうちょっと内側に回ったりもするし、日吉駅あたりから自転車畳んで輪行《りんこう》したりすることもあるけど、大回りのこのコースやったら、後半どんどん景色がきれいになるから、月に一度くらいは走ろう思てんねん」

「坂に強いですよね」

「全然。もうやめてだいぶ経つし」

えっ、と和久井は思った。

「競技やってたんですか」

「トライアスロン。でもそれも学生のときやから、もういまはアカン感じやね」

トライアスロンか。鉄人レースの異名を取るこの耐久競技の選手だったのだとしたら、もともとの運動能力は自分などとは桁違いだ。「ものがちがう」なんて日本語はこういう時に使うのだろう。ところで、この人の学生時代はどのくらい前なんだろうか、ひょっとしたら年上なのかなと和久井は思った。

「ほな、行きましょ。あんまりぐずぐずしてたら嵐山あたりで日が落ちるし」

里中宏美はそう言ってヘルメットを取った。


走りながら和久井は、このままこの里中宏美という女性を好きになってもいいものだろうか、などというおかしなことを考えていた。

大学時代の四年間、恋愛体験でたっぷり辛酸をなめていた和久井は、つい釣り合いを考えてしまう癖がついている。

しかも、生粋《きっすい》の京都人ときたら、その気位の高さは有名である。商家の娘さんだろうか。この人の生きる世界において、立志舘大学卒・洛中信用金庫勤務はどのようなランク付けになるのだろうか。

本来、このような考え方は根本的に間違っている。人を好きになるというのは、あれこれ考えて、「よし、好きになるぞ」と決心しておこなう行為ではない。それは、「恋に落ちる《fall in love》」という英語の表現からもわかるように、あらがいようのない受動的な事態を指すのである。しかし、和久井はこんな当たり前のことにも気づかず、ぐだぐだと愚にもつかないことを考えた揚げ句、遅まきながらようやく自覚するに至った。あ、俺もう好きになっているわ、と。

前を走る里中が、腰のあたりに左手を回して握り拳をつくった。サイクリストの間で使う「停まるよ」を意味するハンドサインである。

女はペダルから足を地面に着けて、背中のポケットからスマホを取り出した。

「すみません、記念に写真撮っとこう思て」

和久井の胸は高鳴った。

遠くに大沢池が見える。こんな風光明媚なところでふたりでツーショットを撮りたいと向こうから申し出るのなら、この恋はかなり勝算があるのではないか、と思った。

しかし女はそのスマホを、和久井にも自分にも向けなかった。それは眼下に広がる京都のひなびた里山に向けられていた。そこは奇しくも梶谷先生が工房を構える嵯峨の平地である。

「このへんも見納めになるから」

女は妙なことを言ってシャッターを切った。

「どうしてですか」

「このへん一帯に、丸山製作所の工場が建つんやて」

和久井は驚いた。

「このへんって、どこからどこまでですか」

「このあたりずっと。なんか寂しいわ。無粋なことするなあ思うわ」

「そ、それ、誰からの情報ですか」

「誰から？　夫やけど」

二重の衝撃波が和久井を襲った。ひとつは女が既婚者であったこと、そしてさらに強い一撃を和久井に見舞ったのは、先生の工房がその工場の建設予定地にのみ込まれているということだった。

「あれ、ひょっとして、まだ言うたらあかんかったんかな」

里中宏美が不安げな表情をつくった。

「いえ」

和久井は取り繕った。

「そんなもの建ててほしないんやけどなあ」

そう言って女はもう一度スマホのシャッターボタンを押した。

気になった和久井は少し走ったところで、女の横に付いて、

「もう少しこのあたりを流しますから、今日はこのへんで」と断った。

「まだ走るの、すごいな」

女は不思議そうな表情で感心していた。

「いや、軽くぶらぶらするだけですから」

和久井は言い訳するような気持ちでそう言って、工場の建設予定地にハンドルを向け、里中宏美と別れた。住所も電話番号もメアドも交換しなかった。

少し走ったところで、停車し、スマホを取り出した。

〈もしもし〉

電話口に出たのは梶谷先生本人だった。

「洛中信金の和久井です」

〈ああ、あんたか、なんや〉

「先生、いま近くにいるのですが、お伺いしてもよろしいでしょうか」

自転車ウェアでは失礼なのはわかっていたが、一刻も早く確認したかった。

〈なんでや〉

当然の質問である。和久井は返答に困った。

「あの、……先生お元気ですか」

答えの代わりに沈黙があった。

「いや、先生がお元気であればいいんです」

そう言って和久井は相手の出方を待った。

笑い声が聞こえた。

〈なんや、あてのこと心配してくれてるんか〉

「はい」

和久井ははっきりそう言った。

〈さよか、ほな来たらええ。お茶菓子くらいは出したる〉

そして切れた。


「やられたよ」

梶谷先生はそう言った。和久井の訪問から三十分くらい経ったときだった。

「これが、貸しはがしちゅうやっちゃな」

「あの、念のために訊きますが」

サイクリングウェアのままで正座した和久井が言った。

「先生がワコールなどのアパレル企業と共同開発するって予定はございますか」

「なんやて、そんなこと言うてるのがいるんか」

ここに取材に来た白崎葉子ですとは言えないので、すみません、僕の妄想でした、と詫びつつ、ないんですね、と念を押した。

「あるかい。あるわけがない」

葉子には気の毒だが、初ディレクター番組はどうやらオクラ入りになりそうだ。

「では、先方の狙いは、返せなかったら、担保の土地を取り上げるってことですか」

「そや、ちょっと向こうに畑があって、そこで俺も少しばかりあれこれ栽培してるんやけど、そこも担保に取られてる」

それは、確か洛中信金と契約したときも入っていたはずだ。そこを担保に取るのは別に不思議でも何でもない。ただ、融資からはがすまでの掌《てのひら》を返すタイミングが早すぎる。これは、最初から土地目的だったと判断したほうがよさそうである。

「ここを売ってくれという相談はあったんですか」

「ああ、地元の不動産屋がこのへんをまとめているらしく、なんべんか来たけどな、話にならんて追い返してたんや」

「先方から提示された金額はよかったんですか」

「聞いてない。金額の問題やないしな」

「ほかに立ち退《の》きの条件とか提示されましたか」

「ああ、穏便に済ますために、別のところに、たぶんなんとなく宇治あたりやと思うけど、いまよりも広い土地を用意するとは言うてたな」

「あえて訊きますけど、先生としてはそれでは駄目なんですか」

「水がちゃうさかい」

先生の口調はにべもなかった。

「あての染めは、ここの水やないとあかんのや」

「先生以外で、売るのを拒んでいる人はいないんでしょうか」

「不動産屋が言うには、俺さえ首を縦に振ればあんじょうまとまりそうやから、買い付けの値段も奮発してくれるて言うてたわ。このへんは洛中のお人にとったら、京都のうちには入らへん田舎やからかもしれへんけど、みんなこの話に乗りよったらしい。けど、それも、こっちに土地を手放させよう思てる不動産屋の言うこっちゃ、どこまでほんまかはわからへん」

なるほど、と和久井は話を整理した。

不動産屋が、京都に本社を置く大企業丸山製作所の依頼を受け、このへん一帯の土地をまとめようとした。しかし、先生は取り付く島もなくこれを拒否した。ここから先は、和久井の妄想である。白崎葉子の妄想と同じように、妄想にすぎないのだが、今回は手応えを感じている。

丸山製作所と葵銀行は取引があるのだろう。

丸山製作所の人間と葵銀行の誰かが会っているときに、工場の建設スケジュールが話に出ることは大いにありうる。

その時、「いやあ、ひとり頑固な人がいるらしく、そこがネックなんですわ」などと丸山製作所が口走ることもないとは言えない。

葵銀行にとっては、工場の建設が進めば大きな取引ができるので、なんとか推進したい。

そこで葵銀行は、梶谷染色工房の経営状態を調査した。かなり苦しいことがわかった。ほとんど売り上げがなく、借入金で生活しているような状態である。これでは、借入先の洛中信金からいろいろと言われていることは想像に難くない。ここに勝機があると葵は睨《にら》んだ。

葵銀行は先生に接触し、「洛中信金からうちに借り換えしませんか。条件も洛信さんよりも頑張りますので」と申し出た。「先生がもっと腰を据えて研究したいとおっしゃるのなら、さらに融資しますよ」とも付け加えた。

先生にこれを拒む理由はなかった。洛信からは、なんとか利益を出して返済してもらわないと困りますと言われていたので（これを言っていたのは、ほかならぬ和久井であった）、このオファーは渡りに船だった。

あとは、ここに来て先生から聞いた通りである。ある日、葵銀行の担当が現れて、社内の状況が変わったので、申し訳ないのですが、これこれまでにこれだけを返済していただきたいという、どだい無理な返済計画を押しつけてきた。

当然、話が違うと先生は抵抗するが、「いまとあのときでは、うちも支店の体制がちがいまして」と言われ、それはないだろうと先生があらがうと、「でも契約書のこの文言には、ほら、こうありますので」と指摘され、「そういうわけですので、返済できない場合は担保の土地を頂くことになります」と一方的に宣言されたわけである。

おそらく、葵銀行が取った土地は、すぐに丸山製作所になんらかの手続きを経て売られるだろう。そして、そこに工場が建つ。梶谷染色工房は消える。

つまり、この一連の流れは、葵銀行と丸山製作所がタッグを組んで、先生に洛中信金から葵銀行に借り換えさせ、土地狙いではがしにかかる、そういうトラップだとみていいだろう。

「しかし、こんなこと、あんたに話してもしゃあないんやけどな」

先生は寂しそうに笑った。

「どうされるんですか」

和久井は訊いた。

「正直言うと、どうしてええのか、よおわからんのや」

「じゃあ、僕が考えていいですか」

「あんたが、何を考えるんや」

「先生は、ここで染め物をやりたいんですよね？」

「そりゃそうや」

「どうしたら続けられるのか考えます」

「なんであんたが考えるんや、洛中信金さんとはもう取引あらへんやんか」

「とりあえず和久井健太個人で考えさせてください。それで洛信の商売につなげられるようであれば、そのときは洛中信金の人間として、またご相談させてください」

「せやから、なんでそんなことするんや」

「人が困っているときになんとか助けようとすることが、自分の仕事につながると信じているからです」

先生は笑った。

「あんた、洛信ではできる奴と言われてまんのんか」

「いえ、どちらかといえば、できないほうです」

「せやろ」

「というか、かなり駄目です、C評価ですから」

「まあな。そんな甘いこと言うてたら、サラリーマンなんかやってられへんで」

「先生は会社勤めの経験があるんですか」

「そんなもんあるかい。高校出てから、ずうっとこの世界や」

「じゃあ、甘いと仕事ができないかどうかはわからないじゃないですか。甘いとむしろ、できるかもしれませんよ」

「せやけど、いまC評価や言《ゆ》うたやないの」

「今期の話です。次はA評価を狙います」

「ほんまかいな。自信あるんかい」

「……ないです」

先生はまた笑った。

「うちの息子がよお言いよった。おやじはあかん、そんなもん世間じゃ通用せえへんってな」

「じゃあ、俺たちは甘ちゃんどうしですね」

「そうや、言うなれば甘党やな。そおいえば葵銀行が持ってきた和菓子があったで、忌々《いまいま》しいし一緒に食べてしまお」

そう言って先生は、千本玉壽軒《せんぼんたまじゆけん》の西陣風味の箱を持ってきた。

すっかり暗くなった道を東に走りながら、和久井は一刻も早く桜さんに相談しなければと思った。

桜さんは当初から、葵銀行がメセナ的なモチベーションで融資を断行したという田中主任の説にも、ワコールなどの大企業の提携を考慮して借り換えを画策したという白崎葉子の説にも違和感を表明していた。ただ、さすがの桜さんも、ふたつともどこかおかしいと感じながらも、本当のストーリーはつかみきれないと言っていた。今日は桜さんに自分の説をぶつけてみよう。そして、これを乗り切るにはどうしたらいいのかを相談しよう。

腹は充分に減っていた。今日の夕飯は何だろうか。そう思いながら玄関を開けた。エメラルドグリーンのロードバイクを横目に、ビンディング・シューズを脱ぎ、自分の自転車を担いで上がった和久井は、当てずっぽうに、

「腹減ったー、今日はカレーとみた。当たった？」と大声を上げて奥へと入っていっ

た。

そのまま二階に自転車を担ぎ上げようとした時、見知らぬ男ふたりがコートを着たまま共同台所のテーブルに着いているのが目に入った。

和久井が怪訝《けげん》な顔をしてジャージ姿のまま突っ立っていると、ふたりはそそくさとコートを脱いだ。そして、大きなほうが、

「こちらにお住まいの方でいらっしゃいますか」と訊いた。

「はい」

和久井は肩から自転車を下ろした。

「勝手ながら、ここで待たせていただきました。私、こういう者です」

大きいほうの男が名刺を差し出した。そこには〈葵銀行　東京本店人事部課長　坂口輝明〉と書かれていた。続いて小さいほうも同じように、名刺を突き出してきた。こっちには〈葵銀行　東京本店人事部課長補佐　鮫島《さめじま》正昭〉とあった。

早い！　和久井が咄嗟《とっさ》に感じたのは、メガバンクの対処の迅速さだった。先んずれば人を制すと言うが、この異様な早さはなんだ。

そして、ふたつの名刺を眺めているうちに、おかしい、いくらなんでも早すぎると思い直した。

ちょっと待ってください、と断って、和久井は共同台所のダルマストーブの前にか

がんで、マッチを擦って点火した。

「葵銀行さんの人事部が何のご用でしょうか。あ、どうぞ」

和久井はふたりの男に椅子を勧めて、自分はその前に腰を下ろした。

ふたりの前にはコーヒーもお茶も出ていない。

桜さんはどこへ行ったのだろう。そして、目黒先輩は。

「お休みのところ、大変申し訳ございません」

鮫島という小さいほうが口を開いた。

「私どもも急ぐ必要がありまして」

坂口という大きいほうが口を開いた。

小さいほうも大きいほうも同じような喋り方をするな、と和久井は思った。

「見ていただきたいものがございます」

小さいほうが、一枚の写真を和久井の目の前に突き出した。

桜さんがいた。スーツ姿で髪を七三に分けて、まっすぐ前を見つめていた。

「この男をご存じですか」

この一瞬に、和久井の脳は、生まれてからこんなに猛烈に働いたことはないというくらいの凄まじい活発さを見せた。そして、

「さあ……」と首を傾げた。

「この建物に入っていくところを見た、という目撃情報があるのです」

「そうですか、それで？」

「もしご存じでしたら、どんな些細《ささい》なことでもいいので情報を頂けないでしょうか」

「いや、わかりませんね。ところで、この方はどなたでしょうか」

「失礼しました。岩本健一、元はうちの社員でした」

やはり金融業に携わっていたのか、と和久井はここは納得した。

しかし、なぜ、葵銀行という預金高では日本最大級のメガバンクにいながら、そこを辞め、また彼らに追われたりしているんだ？

「その方は葵銀行様で、どのような仕事をされていたのでしょうか」

小さいほうが大きいほうを見た。まだ何の情報もくれない目の前の白転車ウェア姿の若造に、どの程度の情報をくれてやるべきなのかについて、サインの交換をしているようだった。

大きいほうが口を開いた。

「融資部門の責任者でした」

なるほど、と和久井は思った。それなら和久井に的確なアドバイスができるはずである。

「その社員を人事の方が捜していらっしゃるのはなぜですか」

「実は、あまり大きな声では言いたくないのですが、彼は背任行為を犯したあと、姿を消しているのです」

和久井はショックを隠すために、腕組みをして、なるほど、と言ってうなずいた。

「着服ですか」

ふたりは黙っている。出会ったとき、桜さんはホームレス同然だった。銀行の人事部がわざわざここまで追ってくるような背任行為を犯し、大金を自分のポケットに入れたにしては不自然な出立《いでた》ちだと言うべきだろう。それとも、どこかの山の中に埋めたりして、ほとぼりが冷めるのを待っていたのだろうか。

「まあ、そのような可能性もあります」

大きなほうが言った。

「それでは、警察のほうにはもう」

大きいのと小さいのが顔を見合わせた。これはまだ被害届を出していないな、と和久井は推察した。

「和久井さん、僕らは彼を助けたいのです。このままだと彼の立場がどんどん悪くなる。いまならまだ間に合うと僕らは信じているのです。逃げ隠れしても、何らいいことなどないわけですから。本来ならとっくに警察に行ってもいいんですが、一度は同じ釜の飯を食った仲間をそこまで悪いようにはしたくないんです」

嘘だな、と和久井は思った。着服が確実なら、そんな手ぬるいことを銀行がするはずがない。これは警察には届けられない何かがあるからにちがいない、和久井はそう判断し、わざと、はあ、よくわかりませんが、と気のない声を出した。

「そう言われても、写真を見る限り、僕はその岩本健一さんという人に見覚えがないので、なんともお答えしようもないのですが」

「それは確かでしょうか」

大きいほうが詰問するような調子で言った。

和久井は迷った。ここではっきり否定してしまったら、その後この件が刑事事件に発展したときに、証拠を隠匿《いんとく》したの、逃亡を幇助《ほうじょ》したのというような罪に問われることはないだろうか、そんな不安が胸中に去来した。

そのとき、板床を踏む音が聞こえて、それが階段を伝って降りてきた。もふもふのフリースの上下で、目黒先輩がのそっと現れた。トイレに行くらしい。

「ねえ、先輩」と和久井は声をかけた。「この人見かけたことある？」

目黒先輩はゆっくり近づいてきて、ぼんやりした視線を和久井の手の中にある写真に投げた。そして、

「これ、あの人やん」とつぶやいた。

和久井の胸がどきんと鳴った。

「あれ？　ちがうかな」

目黒先輩は急に首を傾げた。

「間違ってもいいので、教えていただけないでしょうか」

小さいほうが口を挟んだ。

「誰？」

いま初めて大小のコンビに気がついたように、目黒先輩が訊いた。ひょっとしたら、このふたりがここに座っていることにも気がつかないで、部屋でずっと寝ていたのかもしれない。

「あ、私」と、小さなほうがまた名刺を取り出そうとするのを大きなほうが制した。

目黒先輩の視線が、また写真に注がれていたからだ。

「これ、本店の太田部長に似てるけど、ちゃうかな」

和久井は思わず笑った。似てるといえば似てる。

隣でスーツ姿のふたりが落胆するのがわかった。

目黒先輩は黙ってその場を離れ、トイレに入っていった。

あの、と和久井は言った。

「勝手ながら待たせていただきましたって、さっきおっしゃいましたけど、それに鍵をかけてないにしても、ここ僕らの居住空間なんですけど」

ふたりの男がどぎまぎするのがわかった。

和久井も、いきなり刑事のように目の前に現れ、しかも葵銀行から来た人間だということで、最初は気圧《けお》されていたが、徐々に落ち着きを取り戻していた。

「いや、ここにいるという情報を聞いたので」

「誤報かもしれませんよね」

「その可能性は否定できませんが、目撃情報が複数あったものですから」

「なるほど」

「また、家の前の戸口に立っていると、岩本に発見されて逃げられると思いまして」

「それはそちら様、葵銀行様の都合ですよね。でも、ここは洛中信金の寮なんですが」

「それはもう……」

水を流す音がして、続いてぎいいと板戸が開く音がして、今度は階段を踏み鳴らす音が二階へと昇っていった。

「ここに住まわれている方は？」

大きなほうが言った。

「僕とあと、さっきの目黒先輩です」

明確に嘘をついて桜さんを庇《かば》ったことを和久井は自覚した。

「何かあったらご連絡いただけないでしょうか」

「何かあったら、ですか。了解しました」

ふたりの男はコートを手に席を立って、出ていった。

参ったな、と和久井は思った。なんとか追い返したものの、この寮が監視下に置かれているのは明白である。桜さんがここに戻ってきたら、彼らに見つかるのはそんなに時間がかからないだろうと思いつつ、和久井は別の予感も否定できないでいた。

とりあえず落ち着こうと思って、和久井は共同台所を見回した。コンロの上には土鍋が置いてあり、蓋《ふた》を取るとだし汁が入っていた。

冷蔵庫を開けると、鴨肉と野菜を切ったのが入っている。どうやら鴨鍋を作るつもりだったんだなと和久井は思った。

二階へと自転車を担ぎ上げ、自室の前の廊下に置いた。

そして、自室でジャージとレーパンを脱ぐと、自分も厚手のフリースの上下に着替えようとした。フリースに頭を突っ込んだ時、ポケットに何か入っているのを感じて、手で探ると、折りたたまれた紙が出てきた。広げてみたら、四百字詰めの原稿用紙にサインペンで書かれた桜さんの字があった。

「そろそろまた旅に出る。いろいろあるだろうが、俺のことは知らんで通せば大丈夫だ。教えることはだいたい教えた。あとはお前が頑張ればいい。ややこしいこともあるが、案外と人の世は単純なのかもしれないぜ。目黒君をよろしくな。ハナマツの最終回を一緒に見られないのだけが心残りだ。桜四十郎（もうすぐ五十郎だがな）」

手紙をポケットに入れて、部屋を出た和久井は、目黒先輩の部屋をノックした。

「目黒先輩、飯食いますか、それとも風呂行きますか」

風呂。そうひと言返ってきたので、和久井は石けんとタオルを取りに部屋に戻った。

銭湯の湯船の縁に腕と顎を乗せながら、目黒先輩に桜さんはどうやら出ていったようだと説明した。

「いまさら訊くのもなんやねんけど」

目黒先輩は言った。

「あの人誰やったん？」

和久井は笑った。

しかし、笑い終えたあとで、どう説明していいのかわからなくなった。

和久井はこれまでのいきさつをなるべく詳しく聞いてもらうことにした。結構時間がかかり、そのまま湯船に浸かっているとのぼせてきそうになった。湯から出て、鏡に向かって並んでごしごしタオルを使い、もういちど一緒に湯船で身体を温めてから脱衣所の長椅子に腰掛けてコーヒー牛乳を飲み干した頃、ようやく和久井の口は閉じた。

けれど、知っているすべてを話したあとも、桜さんの像はいぜんとしてぼんやりしていた。ふたりは空き瓶をプラスチックのケースに戻して、銭湯を出て、湯冷めしないように早足で、わかば寮に戻った。


「せやけど、何やったんやろ。元いた会社に追われるようなことって」

目黒先輩は鴨鍋をつつきながら言った。

「さあ」

そこは皆目見当がつかなかった。金融マンの背任行為といえば着服が最も多いだろうが、そんな悪事に手を染めてあぶく銭をつかんだような身なりにも見えなかった。

「あんまり金持ってなかったみたいだし。それにどうせ金持って逃げるのなら、東南アジアとか物価の安いところで豪遊しそうなもんだけどな」

「京都が好きなんやて言《ゆ》うてた」

目黒先輩が野菜を鍋に追加しながら言った。

「え、いつ？」

「賀茂川べりを一緒に散歩してるとき」

「どうしてだろう」

確かに京都を好む人は多い。そして嫌う人も。

「中小企業が多いからって言うてはったな」

「まあ、そうだけど」

洛中信金が信用金庫の中ではトップクラスの預金高で安定経営を続けているのは、この理由が大きいのだ。

「商人も頑固なのがええって」

和久井は苦笑した。

「そのせいで苦労してるんだよ」

「それも言うてた。自分もそれで泣かされたけどなって」

そうか、と和久井は思った。桜さんは葵銀行勤務時代に、京都で過ごしたことがあったのかもしれない。

「料理も上手な人やったな」

目黒先輩は感慨深げに鴨を頬張っている。確かに、この鴨鍋のだし汁の仕込みも完璧である。

「飛ぶ鴨、後を濁さず、だな」

「濁してるやん、変な人来たし」

「あ、そうか。——シメはどうする？　雑炊にする？」

「せやね、俺がやるわ。今日はたんと走って疲れたやろ」

そう言って目黒先輩は立ち上がり、冷蔵庫を開けて雑炊用の卵を取り出すと、ボウルに割り入れて、溶きはじめた。

「そやけど、参ったなあ、相談したいこともあったのに」

和久井は言った。〈梶谷染色工房〉について、桜さんの意見を訊いてみたかったのだ。

「なんかあったん？」

手を動かしながら目黒先輩が訊いた。

和久井は、この件を先輩に話していいのかどうか迷った。仕事への復帰を急かすようになって、回復途中の先輩にいらぬプレッシャーを与える結果となりはしないだろうか、と危惧《きぐ》もした。けれど目の前で、冷や飯を鍋に入れて、上から溶き卵を注ぎかけている様子を見ていると、そろそろ仕事のことを耳に入れても大丈夫だろうと思えた。それに、自分ではなくて他人の仕事を客観的に聞くところから間接的に復帰するのはいい過程のような気がした。

和久井は目黒先輩に〈梶谷染色工房〉の件を話した。

目黒先輩は黙って雑炊を食べながら聞いていた。テーブルの上から鍋を片づけると、コーヒーをドリップする段になって目黒先輩が口を開いた。

「和久井君の推理は当たってる気がするけどな」

目黒先輩は、ケトルの先から細く糸を引くお湯を見つめながら言った。

「せやけど、問題はどうやって異議申し立てをするかやなあ。相手が相手やし、法的にはヌケのないようにやってるやろうし、貸し付けるときの契約書も、痛いところをつつかれへんように手を加えてるやろうから」

目黒先輩はポットからコーヒーをマグカップに注ぐと、テーブルに持ってきた。

コーヒーは濃くて口腔にまつわりつくような、どっしりした味わいだった。

「けどなあ」

マグカップを手に、目黒先輩がまた口を開いた。

「俺らはすぐに『こっちは信金で、向こうはメガバンクや』ゆうて卑屈になりがちやけど、所詮《しょせん》は向こうもこっちも金貸しやんか」

目黒先輩の口ぶりは、どこか桜さんに似ていた。

「まあ、そうだけど」

「向こうが仕掛けてるんは、返せへんから担保もらうでってことに尽きるわな」

「うん」

「でも、ほな返すわ言《ゆ》うて返したら、いくら天下の葵銀行かてなんもでけへんのとちゃう？」

それはそうだが、それができたら苦労はしない。

「その線でいくとして、桜さんやったらなんて言うやろな」

目黒先輩はそうつぶやいたあと、自分でも考えている。

「純資産だけじゃなくて、人的資産も考えろってよく言ってた」

桜さんの講義を思い出して、和久井が言った。

「その先生のご家族はどうなってんの？」

「奥さんに先立たれて独身。そういえば、息子さんがいるって言ってた。しょっちゅうお父さんは世間知らずだって小言を言われるそうだ」

「職業は？」

「サラリーマンだな、あの口ぶりじゃ」

「どこに勤めてはるんやろ」

「そうだな、まずそのへんから当たってみるか」


翌日、勤務を終えた和久井は、いったんわかば寮に戻ると、着替えてクロスバイクに跨がり、北大路通からきぬかけの路に乗り換えて西へ向かい、嵯峨にある梶谷先生の家へと走った。

「息子に？　そりゃ無理や」

和久井は打開策の方向を打ち出したが、先生はにべもなくそう言った。

「無理といいますのは？」

「あれはわしを嫌とるさかい」

「何かあったんですか」

「この間も言うたやろ、俺は世間で通用せえへんことをやっとる。それを息子が嫌いよる」

そうかもしれない、と和久井は思った。確かに世間には、芸術家というのはわがままなものだという理解があるけれど、家族という関係は、才能ある人の蛮行を許すには、あまりにも近すぎるのかもしれない。

「でも、心のどこかでは尊敬しているのかもしれませんよ」

「尊敬してる息子が、おやじに殴りかかってくるかい」

和久井は言葉に詰まった。

「でも、息子さんが協力してくれるなら、それを拒むこともない気がします」

「まあ、それでここで染め物ができるなら、息子に頭くらい下げるで。それで向こうが満足するのならな」

「本当ですか」

「なんてゆうても、一番大事なものは決まっとる」

そう言って先生は、息子さんの連絡先の携帯の電話番号をくれた。

息子である梶谷廣太朗さんと連絡を取った。廣太朗さんは、京都の伏見に本社を置いて通信事業や通信機器製造などを手広く営む、京都を代表する大企業に勤めていた。勤務先の近くで会ってくれることになり、喫茶店を指名された。

伏見といえば、少し前に和久井が浅井さんを紹介してしくじった後藤木工店も、この地に事務所を構えている。和久井は新しく入れた機材の様子を見てくるという口実で、後藤木工店に顔を出した。後藤社長は、新しく購入した二〇〇ボルトの電動かんなが、パワーがあって非常に使い勝手がいいとご満悦だった。

後藤木工店を辞して、指定された喫茶店に座っていると、「和久井さんですか」と声がして、返事をしないうちに三十代前半の男が目の前に座り、すぐに近くを通るウェイトレスに「コーヒーを」と注文した。

「お忙しいところ申し訳ありません」

和久井は名刺を出した。

「洛中信金さん、……うちとは取引がありませんね」

「はい、うちは信用金庫ですので、大企業とはお取引できません。電話でも少しだけお話しさせていただいたように、今日はお父様、梶谷先生の件で参りました」

「それ聞いて、会うのやめよかなと思たんですが」

相手は和久井を見つめて言った。

確かに、先生の件で会いたいと言ったとき、廣太朗さんはその声に警戒心と不快感をあらわにした。しかし、ほんの一〇分でいいのでお時間をもらえないかと頼み込んでこのミーティングが実現したのである。

「梶谷先生は困っておられます」

和久井はそう切り出して、相手が勤務時間内にここに出てきたことも考慮して、なるべくかいつまんでこれまでのいきさつを話した。その間に、廣太朗さんは二度ほど腕時計を見た。

「せやけど、和久井さんですか」廣太朗さんはもらった名刺をちらりと見た後、「あんたも余計なことしはりますねんな」と笑った。

和久井は冷や水を浴びせられたような気になった。

「だいたい、金融機関から金借りといて、それで飯食うたり、職人の給料払ったりしてるのに、商売はぜんぜんやらんと、ええ色が出えへんねんって芸術家ぶってるなんてのは、あんたらみたいな商売からしたら、いい迷惑なんとちゃいますの」

確かに、そう言われるとぐうの音《ね》も出ない。

「本来なら、借り換えしてもろてよかったんやないの。貸し倒れもなかったんやし、それやのに、なんでいまさらこんな一銭にもならん話に頭突っ込んでるんや」

コーヒーが来た。しかし、廣太朗さんはそれに手を伸ばそうとはしなかった。

「まあ、おやじがやりそうなことではあります。そして、ええ気味やという気がしますな」

「ご家庭で何があったかは知りませんが」

「知らんかったら何も言わんといてほしいんやけど」

「しかし、近すぎるから見えないということもあるんじゃないでしょうか」

「ああ、世間ではおやじのことを、たいしたもんやて尊敬する方もおられるのはよお知ってます。梶谷雄太郎の息子やてわかったら、いまでもときどき言われることがある。ほんに、梶谷先生の――、そりゃ値打ちある、とかな。ははは。どこがやねん。そういうときは、ありがとうございます、って頭下げることにしてるけど、俺がおやじに憤慨しているんは、染めもんに入れあげて、金のことで家族に苦労させたからだけやないんですわ」

「といいますと？」

「まあ、俺に対しても癪に障ることはいろいろあったけど、やっぱり許せんのは母親に対する仕打ちやね」

「それは例えばどういうことでしょうか」

廣太朗さんはうんざりしたように首を振った。

「他人様の前ではあんまり口に出しとうないようなことも含めて、それはひどかったとしか言えませんわ。具体的に口にすると、また不愉快になるし」

和久井は目の前に巨大なバリケードを築かれた気がした。

「まあ、こう言うたらわかってもらえるやろか。おやじが名匠やとか言われて調子こいてるとき、ちょうど男盛りやったんやと」

和久井はあっと思った。

もう結構な年なのでまったく気にしてなかったが、梶谷先生はなかなかの男前である。確かに、才気あふれる芸術家でなおかつ色男となれば、浮いた噂のひとつやふたつあってもおかしくはない。その証拠に白崎葉子までが先牛にぞっこんになっていたではないか。

「なるほど」

和久井はそう言って、目の前のコーヒーを一口飲んだ。

「そういう勝手なことをしながら、母親には経済的にも苦労をさせた。母親はおやじを恨みながら癌《がん》をわずろうて死んだ。そんなこんながあって、俺はおやじを許してないんですわ。生まれ育った家が人手に渡ってしまうのはそれは哀しいことやけど、おやじのために一肌脱ぐ気にはどうにもこうにもならられへん」

これは無理だ。和久井はそう思った。それどころか、この息子の怒りに共感を覚えさえした。

「そういうことやから、あんたもそんな一銭にもならんことせんと、ほかの方面に営業かけたほうがええ思います」

わかりました、と和久井は言った。

「今日伺ったことをよく考えて、また出直します」

和久井が下げた頭の上に、廣太朗さんの次の言葉が浴びせかけられた。

「明日来てもろても同じやさかい、お会いするのはこれっきりにさせてください。ほな僕はここで」

交渉相手はコーヒーに口をつけないまま、席を立った。

そのカップにたっぷり残った黒い液体は、父に向けてわだかまる廣太朗さんの憎悪のように感じられた。

ひとり席に残った和久井は、これは無理かもなと思った。そして自分のコーヒーを飲むと、伝票をつかんでレジに向かった。ふたり分のコーヒー代を払い、店を出た。経費で落とせるような面会ではないので、レシートは受け取らなかった。

わかば寮に帰宅したとき、カレーの匂いがした。目黒先輩が共同台所のコンロの前に立って、寸胴《ずんどう》鍋をかき回していた。

「おかえり」

「ただいま。調子どうですか」

和久井は二階へ上がる階段に足をかけながら言った。

「うん、だんだんよくなってきた。今日は廊下を雑巾掛けしてみた」

「すみません」

週に一度は管理人のおじいさんが来て、さっと掃いてくれるのだが（その日は桜さんは外に出て暇をつぶすことにしていた）、あまり細かいところまではやってくれない。

こういう日常的な作業を積み重ねて復帰するというのはよさそうにも思うが、一方で果たして間に合うのかという気もした。

スエット地の部屋着に着替えて、台所に戻り、目黒先輩と一緒にカレーライスを食べた。席に着く人数は三人からふたりに減ったが、食べる前に手を合わせる「いただきます」の儀式は残った。

「どうやった、息子さん」

目黒先輩が訊いた。

「駄目だと思う」

和久井は首を振った。

「ものすごく嫌ってる」

「そうか、難しいな。——俺もおやじとは、いろいろもめたしな」

「目黒先輩のおやじさんは？」

「高校で数学教えてる。俺が文学部行きたい言うたときに結構もめたで。和久井君とこは？」

「俺んちは母子家庭」

「へえ、お父さん、いつ亡くなったん？」

「いや、おやじは俺とお袋を遺《のこ》して出奔《しゅっぽん》したんだ」

目黒先輩はスプーンを止めて、思わず和久井を見た。

「だから、息子さんの気持ちもわかるよ」

「そうか、でもそれも哀しいな」

「確かに哀しいな」

それからしばらく、ふたりは黙ってカレーライスを食べた。

そういえば、と目黒先輩がふと顔を上げた。

「今日、最終回やな」

そうだった。『花の金融マン 松浦秀樹』は今日で見納めだ。しかし、最近の松浦秀樹はどうも調子が悪い。凡ミスが続いて、失策をとがめられている。そんななかで、今日はいよいよ最終回を迎える。

「ハナマツでも見て、気分転換しよ」

目黒先輩が言った。

ところが、和久井の部屋のテレビの前で寝転がり、のんびりマグカップ片手にハナマツの最終回を見ていたふたりは、思いも寄らぬ展開に途中から起き上がって居住まいを正し、その先を固唾《かたず》をのんで見守った。

なんと、松浦秀樹は、入社以来勤務していた太平洋銀行を辞めてしまうのである。それも退職願を出して穏便に去るのではなく、まるで雲隠れするかのように。

「きさま、どういうつもりだ。こんな勝手な融資をして」

「勝手ではありません、稟議《りんぎ》が通っていたにもかかわらず、あなたが無理矢理止めた融資です。審査部に手を回して、同期の谷川さんをたきつけて」

机上の直通電話を握りしめて、支店長が歯ぎしりをする。

「何を言ってる、馬鹿がっ」

「震災の復興プラン、地域産業復興、相互扶助のネットワークづくりを進めるNPOやNGOへ融資しようとしていた三十億を、あなたは無理矢理止めた。そして、中国の金融ブローカーに融通しようとしていた」

「なんだと、出鱈目《でたらめ》を言うな」

「出鱈目かどうかは、いずれ白日の下にさらされるでしょうね」

「お前は、わが太平洋銀行の面汚しだ」

「支店長、そのお言葉、倍にしてお返しさせていただきます」

「なんだとっ」

「では、これだけは教えてさしあげましょう。あなたがとてつもない無理を押して、あの中国人ブローカーに三〇億円を融資していたこと、そして、その金を使って先方が、日本の中小企業をいくつか買収しようと企んでいること、この証拠を金融庁に送っておきました」

絶句する支店長。

「あなたこそ太平洋銀行の面汚しだ。そして日本人のね。さて、そろそろ切りますよ、もうすぐ大勢の来客があるはずですから」

電話が切れたあと、しばし沈黙があり、再び支店長の机の上の電話が鳴る。

「支店長、たったいま金融庁から監査が入りました」

場面が変わり、長い間、和久井健太を熱狂させてきたこの物語は、どこかの漁港で漁師たちと一緒に焚き火を囲んで酒を飲んでいる松浦秀樹の笑顔で幕を閉じた。

リモコンを取り上げ、テレビを消したあと、和久井は言葉を失って黒くなった液晶画面をぼんやり見ていた。

松浦秀樹が銀行を辞めた。これでは勝ったんだか負けたんだか、わからないじゃないか。

「せやけど」と声がして、和久井はびくっとした。隣に目黒先輩がいるのを忘れていたのである。

「これ、なんか桜さんに似てへん？」

えっ⁉ と和久井は思った。

和久井は膝を立てて立ち上がると、ラップトップを持ってきて、あぐらをかいた膝の間で開いた。

原作と脚本を手がける水村洋平の名前で検索をかける。

公式のプロフィールには「銀行員を経て、のちに作家に転身」としか書いていない。が、さらに深く探っていくと、

「葵銀行やね」

隣から覗き込んでいた目黒先輩が言った。

ふたりは黙った。

目黒先輩が和久井の膝の上からラップトップを取り上げて、自分の膝の上に移動させ、ぱちぱちとキーボードを鳴らしはじめた。そして、手を止めると、再びＰＣを和久井の膝の上に戻した。

開かれていたのは、ハナマツの原作者・水村洋平の公式ホームページのメール送信フォームの画面だった。

沈黙の中でふたりは、お互いが何を考えているかは理解できていた。

和久井は送信者の欄に和久井健太と本名を打ち込んだ。住所も打ち込んだ。

そして、しばし頬杖をついて画面を見つめていたが、やがてキーの上に両手を乗せると、本文の欄に打ち込みはじめた。

「拝啓　水村洋平先生。私は京都の洛中信金に勤める和久井健太と申します。『花の金融マン　松浦秀樹』、主人公の活躍とはまるで規模がちがいますが、金融に従事する者のひとりとして、毎回楽しみに拝見しておりました。つい先日まで、先生とほぼ同じ頃に葵銀行に入社しておられたとおぼしき岩本健一さん（私には桜四十郎と名乗られていましたが）と一緒に暮らしておりましたので、そのこともあって大変感慨深いドラマでした。素敵な作品をありがとうございました」

書き終えると、画面を目黒先輩に向けた。先輩は文面に目を通した後、うなずいた。カチ、と送信ボタンを押した。そして、送った後、少し冷静になって、変なファンレターを送ったもんだと、ふたりで笑い合った。

とりあえず、梶谷先生には、息子さんを世帯収入に含めてもう一度洛信に借り換えるというプランが崩れたことを報告しなければならなかった。

和久井は定刻近くに支店を後にした。田中主任が「お早いお帰りで」と嫌味な挨拶をくれた。

寮に戻って着替えていると、ノックの音がして、目黒先輩が顔を出した。

「梶谷先生のところへ行くん?」

「うん、あまりいい知らせじゃないから早いほうがいいと思って、いま電話したらいるっていうから」

「僕もついていってええかな」

和久井は驚いた。目黒先輩が外で人と会うというのである。

「大丈夫?」

思わず和久井はそう尋ねた。

「うん、まあ、大丈夫やろ。予算がかかってることでもないし」

確かに、責任ある業務にいきなり着手するより、オブザーバー気味に仕事に触れるのはリハビリになるかもしれない。

しかし、問題は足だった。和久井は自転車で出かけるつもりだったが、目黒先輩が同行するとなると、バスか電車を使わなければならない。となると、先生の工房は少し辺鄙《へんぴ》なところにあるので、到着するまでが面倒だ。

ふと、和久井は思いついた。

和久井は、玄関に置いてあった浅井さんのエメラルドグリーンの自転車を二階の廊下に担ぎ上げて、ビンディング・ペダルを外し、和久井が乗りはじめの頃に装着していたフラットペダルに付け替えた。

「先輩、ちょっと跨がってくれますか」

目黒先輩はフレームを跨ぐと、廊下の壁に手をつきながらサドルに尻を乗せた。

和久井は横にしゃがみ込んで、ペダルを踏み下ろしたときの足首の角度を確認した。

そして、立ち上がって前に回ると、肩とハンドルのそれぞれの幅を目測した。浅井さんと目黒先輩の背格好が似てると気づいた和久井は、先輩をこの自転車に乗せるという案を思いついたのである。

いける、と和久井は思った。まずハンドルと肩幅は、ばっちりだ。シートポストは、ほんの少し下げたほうがいいだろう。和久井は六角レンチを取り出した。

この調整が終わると、ハンドルの中央にフロントライトを取り付けた。シートポストの赤い尾灯はすでに付いている。

そして、自分がかつて使っていた古いヘルメットと冬用手袋を目黒先輩に渡して、簡単なハンドサインを教えた後、ふたりでそれぞれの自転車を担いで下りていき、った。

二人はロードバイクに乗って、冬の夜の街にこぎ出した。


和久井は走りながら、目黒先輩を梶谷先生の前に連れ出した時、どう紹介しようかと迷っていたが、実際に対面する段になると、ほぼありのままを伝える言葉が彼の口からこぼれ出た。

「ほお、それでずっと部屋にこもってたんか、まるで俺と同じや。似た者どうしやな」

目黒先輩はそれを聞いて、嬉しそうにニヤッーと笑った。

「まあ、あんたはまだ若いんやから、これからなんとでもなるやろ。それにしても、しばらく伏せってもクビにならへんっていうんやから、サラリーマンってのも結構やな」

「いや、このままだと、そろそろクビやと思います」と目黒先輩は言った。

和久井は目黒先輩を見た。やはり、さすがにわかっているのだな、と思った。

「そうか、そらなら、そこらへんはうまいことやらなあかんで」

ところで、昨日ご子息とお会いしました、と切り出して、和久井は伏見でのミーティングのひとくだりを話した。

「せやろ」

梶谷先生は、なぜか愉快そうに言った。

「あいつはそんなに甘ないで」

その口ぶりは、自慢の息子を褒めているようにさえ聞こえた。

「まあ、そんなにしょげんでもええ、はなから期待もしてへんかったから大丈夫や」

妙な慰められ方で、和久井はますます気落ちした。

先生は笑っている。

「先生、どうして今日はそんなに機嫌がいいんですか」

「機嫌がええように見えるんか」

先生は、ちょっと驚いたように言った。

「ええ、なんとなく」

ひょっとして、この愉快な様子は、事がうまく運ばなかったことへの苛立ちを取り繕うためのものにすぎなかったのかと、和久井は一瞬、身構えた。

「でけた」

「は？　何がです？」

「染めに決まってるやないか」

「あ、ああ、紫ですか」

「そうや、紫こそ俺の色やと心定めて、ずっとやってきたんやけどな、ようやくでけたと思えた」

「それはおめでとうございます」

「それも、ここがあるまでやけど」

その一言で、和久井は先生の達成が空しく思え、気の毒でたまらなくなったのだが、先生のほうは相変わらず機嫌がいい。

「なんにしても、あかんままで終わらなんでよかった」

先生はよっこらしょと腰を上げて、隣の部屋に消えたが、紫色の布を手に戻ってきて、和久井と目黒先輩の目の前に広げた。

「どや」

和久井は確かに美しいと思った。しかし、これまで見せてもらった紫とどうちがうのかはよくわからない。

ただ、隣で身を乗り出して見ていた目黒先輩が、めっちゃきれいやなあ、としみじみつぶやいたのが妙に印象に残った。


梶谷染色工房を出たふたりは、どこか適当な定食屋を見つけて、夕飯を食って帰ろうと示し合わせてから、東へと走り出した。

今出川あたりで、チェーン展開している和食屋が目に入ったので、和久井は、とまるぞ、のハンドルサインを後方に送って減速した。

店の前に駐輪した自転車を監視できるように、窓際の席を取って、和久井は〝鯖《さば》の煮付け定食〟目黒先輩は〝豚肉の生姜焼き定食〟を注文した。

「しかし、資産は純資産だけじゃないって桜さんは言ったけど、親子や兄弟以上に強力な人的資産ってあるんだろうか」

「先生は兄弟は?」

「お兄さんがいたけど、若い頃に亡くなったみたいだ」

「和久井君」

「なに?」

「店の奥で、めちゃかわいい女の子がこっちを見てる。残念やけど僕の知り合いとちゃう」

振り返り、斜め後ろに視線を投げると、店の奥で白崎葉子が箸を持ったままその手を振った。撮影スタッフらしき男性三人と一緒にテーブルを囲んでいた。ロケの帰りか何かだろうか。

和久井も軽く会釈して、目黒先輩に向き直った。

「大学時代の友達、ゼミで一緒だった」

「きれいな人やな」

「まあ、モテてたよ」

「マスコミの人？」

「都放送でディレクターしてるんやて」

そういえば、都放送はここから少し南へ下った御所の向かいにある。残業を前にして、仲間と腹ごしらえしているのかもしれない。

「へえ、和久井君の人的資産やな、大事にせんとな」

和久井は薄く笑ってうなずいた。

「せやけど、和久井君、その人的資産やけど」

「え？」

「桜さんが言うてた純資産やないものって、別に人的資産だけとは限らんのとちがう？」

「まあ、そうやけど、ほかに何があるんやろ」

「例えば文化資産とか」

「文化資産ねえ、それって担保にならないと思うよ」

「うーん、そうかあ」

以前、土建業の社長が、自分が所蔵している絵の作者がいかに著名で、彼の筆になる絵は一号でいくらの価値があるか、そしてその価格は年々上昇しているのだと力説し、その絵を担保にさらなる融資を目論んだとき、担当者が言った一言は、「そりゃよろしおす。ほな、売ってください」であった。

金融業者が担保として認めるものは、そう多くない。土地と不動産と有価証券がほとんどすべてである。

そのとき、背後で物音がして、葉子を含めた奥のテーブルの一団が入り口横のレジカウンターに向かった。

葉子は和久井のテーブルの横で立ち止まり、きれいな長財布を手に、聞いた？　と言った。

「聞いたって何を？」

「鴨下君のこと」

「何かあったの？」

「やめたらしいわ」

「やめたって何を？」

「仕事」

和久井は言葉を失った。

「ほんとは結構つらい立場だったんやて」

「誰から聞いたの？」

「こういうことを知らせてくるんは戸山田君しかおらへん」

「そうか」

「大きな仕事やってるって言ってたけど、その分やっぱり大変で。ミャンマーにも行くには行ってたけど、実際はそんなええもんとちがうかったみたい」

「そうなんだ」

「もし、連絡来るようなことがあったら慰めたげて」

「わかった」

そう言ったものの、鴨下は自分に連絡をよこすだろうかと疑った。信用金庫で中小企業や零細企業の間をうろうろしているような和久井に慰められるとき、自分が落ちぶれたことがいっそうそう身に染みるのではないか、と。

和久井は話題を変えた。

「例のあの番組はどうなったの?」

葉子は口をきゅっと結んで、首を振った。

「やっぱり、もひとつパンチが弱いって言われて。たぶんお蔵入り。あ、もう行くね」

そう言って葉子は、仲間が勘定を払っているレジに向かった。

そうか、やっぱりあのままじゃ駄目だったのか、華やかに見えるあっちの世界もキビしいんだな、と気の毒に思いつつ鯖に箸を入れていた和久井は、ふとその手を止めた。

和久井は箸を置いた。

そして、店の外へと飛び出した。


店の前で路上駐車している〈都放送〉と染め抜かれたバンに乗り込もうとしている葉子の背中に、和久井は声をかけた。

葉子が振り返ると同時に、すでに中に乗り込んでいた三人の目もこちらに向いた。

「ごめん、今日このあとの予定は?」

「このあと? 局に機材を返して、それからちょっと素材整理したら、帰るだけ」

葉子は発進を待っている仲間を気にしている様子だ。四人の中では葉子が一番若いから当然だろう。

「会えないか？　今晩」

「今晩？　結構急やね」

「早いほうがいいんだ」

「どうかしたん？」

「何時でもいい。市街地ならどこでも行くから、電話欲しい」

その真剣な眼差しに気圧《けお》されたように、葉子はわかったと言ってバンに乗り込んだ。ドアが閉まるとき、葉子の隣の男の彼氏？　と言う声が聞こえた。葉子は笑って、そんなんとちゃいます、と言った。

バンは発進し、和久井も店内へ戻った。


わかば寮の部屋に戻って、敷き布団の上に寝っ転がって文庫本を読んでいると、スマホが鳴った。SNSのチャットで、いま終わったから四条近くのカフェに来てくれ、と葉子が連絡をくれた。

和久井は、今度は寮の軒下に駐輪してあるクロスバイクに乗り換えて出た。下鴨本通を南に下って、御所沿いに延びる寺町通に乗り継ぎ、四条通を越えて、車一台がやっと通れる綾小路通を入った。町屋風の雑貨屋や小さな旅館が並ぶ小路を少し行ったところに、木造の民家を改装したカフェを見つけた。

店の前に赤と青の二台、自転車が止まっていた。その横に和久井は自分のクロスバイクを停めた。

店に入ると、黒い木の床にアンティークな木製のテーブルと椅子が並んでいる。ところが、この洋風にしつらえた店の奥に進むと、庭に向かう縁側には座布団を出して、いかにも和風な客席が設けられている。店先に停めてあった赤と青の自転車の主《あるじ》らしい男女が、和菓子を食べながら並んで夜の庭を眺めていた。

この変わった構造の店内のどこを見回しても、葉子の姿は見えなかった。和久井は少し戻って、一人掛けのソファーで円卓を挟む席を壁際に取った。

そうしてミルクコーヒーを注文してぼんやりしていると、葉子がやってきて、ごめんごめん待たせてと座り、あわただしく紅茶とケーキを頼んだ。

「それで、どうかしたん？」

「うん、白崎が前に言ってた梶谷先生のコラボの話あっただろ」

「ああ、ワコールとのコラボ。なに、なんかあったん？」

葉子の顔が期待に輝いた。

「いや、先生に確認したら、やっぱりないってことだった」

今度は落胆に表情が曇った。

「なんや、ないんやったらメールでええやん。一瞬、期待してもうたやないの」

「でも、それで終わりじゃないんだよ。今日の話はその続きだ」

「どういうこと」

「ないのなら作るんだ」

「作る？　作るって何を？」

「白崎が言ってた通りの展開にするんだよ。ちょっとちがうのは、先生の技術を文化資産としてこっちからセールスをかけるんだ」

「え、ワコールに？」

「もちろんワコールで決まれば万々歳だけど、大企業というのは決裁が遅い。こういうときはワンマン会社のほうがいい。実は、少々急ぐ必要もある。でも、その理由は長くなるので今日は話さない」

「わかった」

「で、白崎の作品って、完全にボツになったのかな」

「ペンディングやね」

「じゃあ、コラボの件がうまくいったらそれを取材して、いまの作品に追加したらオンエアーの道が開けたりする？」

「ありうるわ。うん、それはいいと思う。でも、あんまり小さいコラボやとキツいかな」

「追加するネタとしては、もうひとつある。実はさっき、先生と会ってたんだ」

「今日の話？」

「そう今日。今晩」

「え、取引終わったんとちゃうの？　さっきの話も、聞いててちょっと不思議やってんけど」

「金の切れ目が縁の切れ目じゃないんだよ」

「まあ、そうやけど」

「そのとき、先生は紫色の染めについて、でけた、と言ってご満悦だった」

「ほんまに？　見たい。ごっつう見たいわ」

「ぜひ。俺から見ると前の作品との違いはよくわからない。けれど、先生は手応えを感じているみたいだった。ひとつの到達点としてそれも撮ったらどうだろう」

「うん、いい。なんで？　和久井君、ちょっとおかしない？」

「何が」

「冴えてるやん」

整った容姿でキャンパスの視線を集めていた葉子だったが、その割に飾らない気さくな性格が人気だった。やっぱりいいな白崎は、と和久井は思った。

「でも、まあセールスに失敗したらこれも終わりだ」

「セールスは和久井君がやるの？」

「そうなる」

「なんか信金っていろいろやるねんな、今度取材させて」

まだ上司の許可を取り付けてないいんだということは言わないまま、それで、確認だけど、ともう一度葉子に注意を促した。

「セールスをかけるときに、『先生のことは、都放送がかなりの時間を割いて取材してカメラを回しています。先生からそう聞いてます』ということも言い添える。これは嘘じゃないから問題はないだろう。ひょっとしたら、そのことを確認しにプレゼンを受けた企業からそっちに連絡が行くかもしれないけど、大丈夫だろうか」

「まあ、事実やからね。それは大丈夫やと思うわ。けど、根回しはしとく」

「ついでに、もし今回のコラボが成立したら、都放送から取材が入ってテレビで取り上げられるかもしれませんよ、ということも言いたいんだけど、それはどうかな？」

「それはギリギリやね。『取り上げられるかもしれませんよ』やったらええんちゃうかな。もし、私がたまたま電話に出たら、『そんなコラボの計画あるんですか。できたら取材させてもらえますか』くらいは言うけど」

「じゃあ、しばらく外に出ないで、局の電話の前で仕事しててよ」

和久井はそう言って笑った。

翌日、この動きは上に伝えておくべきだと思い、田中主任に話した。梶谷先生というだけでアレルギー反応を起こす田中主任は、案の定苦い顔をした。

「そんなん、お前の仕事とちゃうやろが」

「いや、そうも言えないと思うのです。大きく見れば顧客を取り戻すことになるので」

「そやけど、えらい遠回りやないか。ほかにすることないんかい。金融商品のセールスの順位、お前は全店でケツから数えたほうが早いんやで」

「すみません」

「それで、いったい何が言いたいんや」

「とりあえず、業務の合間に少し動くことの許可を頂きたいんですよ」

田中主任は、わからんこと言うなあ、と苦り切っている。しかし、過去に梶谷染色工房の件でこっぴどい目に遭ったのと、何につけても責任追及を恐れる性格から、上の判断を仰ぐほうが得策だと判断したらしく、ちょっと待て、と言って会議室の電話を取り上げた。

「すんまへん、ちょっとまた和久井がけったいなこと言うて。第二会議室まで来てもらえますか」

会議室にやってきた三島部長はまず呆れた。

「お前、先方に会うとき洛中信用金庫の名刺出すんかい」

「はい」

「でも、うちは取引ないねんで」

「長年取引をしてきたということと、またこれから取引する前提で、ということで」

「せやけど、そうなった場合、先生はうちと取引してくれるんかい」

「それはここで許可を頂いてから先生と話そうと思います。逆に、許可を頂かないうちからそのような話をするのも先生に失礼なので」

三島部長は腕組みして、しばらく考えていたが、

「まあ、やってみ。ただし、そんなに時間使うなよ」

田中主任がちょっと驚いた顔をして、三島部長を見た。

「ついさっき支店長に呼ばれて、もうちょっと攻めの姿勢を見せろてさんざん小言を食らったんや。しかし、ただ攻めの姿勢とか言われてもな……」

田中主任が「攻めの姿勢」という言葉をぼんやり復唱した。その表情には怯《おび》えの影が射している。この人は上が何か言えば、とりあえずその線に沿って鋭意努力しておりますというアピールをしたがるタイプだ。というか、そうしないと不安でいられな

い性質《たち》らしい。

三島部長はにやっと笑って、

「よかったな、和久井、安田支店長が赴任して。去年までの大塚さんやったら、どやしつけられてたぞ」

とからかうように言った。

「ほんまや。地獄で仏や」

田中主任は妙な解説をしてから、

「こうなったら攻めの姿勢でいかなあかんで」と急にハッパをかけた。

「それから、もうひとつあります」

「まだあるんかい」

田中主任はぎょっとした顔になった。

「最近、お前は、よお人をおどかすさかいな。あんまり心臓に悪いこと言わんといてや」


会議室を出た和久井は、その日のうちに梶谷先生の工房に赴くことにして、寮の目黒先輩にSNSでメールを流した。

五〇ccのバイクで西に行く途中のきぬかけの路で、エメラルドグリーンの自転車に跨がった目黒先輩を見つけた。

「なんて言うてた?」

「驚きはしてた」

和久井は、この企画について、資料作りや調査などを中心に、無理のない程度で目黒先輩に手伝わせたい、と打ち明けた。

例によって田中主任は、

「そんな。下手なことして悪化させたら誰が責任とるんや」と慌てた。

「これは駄目でモトモトの企画です。だから何がなんでも達成しなければならないというノルマはありません。だから、言ってみれば助走として、目黒先輩に手と頭を使ってもらう。これは本格的な復帰のためにもいいような気がするのです」

さらに目黒先輩がかなり回復していることや、昨日は一緒に自転車に乗って、梶谷先生のところまで出向いたということも付け加えた。

「一応、プライベートな面会ということで」

そう和久井は付け加えた。

「目黒なんか連れていって、梶谷先生はなんか言うてなかったんか」

この田中主任の当然の質問に、和久井はわざと、似た者どうしやなって言ってましたよ、と、どう反応していいのか迷うようなところを切り出して差し出した。

予想通り、田中主任は面食らった表情になり、腕組みして黙り込んだ。

やがて、三島部長が口を開き、

「じゃあ、それでうまくいくんなら、様子を見ながらぼちぼちやったらええ」と許可をくれた。

「ありがとうございます」

「そのことはかかりつけの医者にも伝えとけよ」

「了解しました」

「それからまだ目黒は復帰していないんやさかい、企業には連れていくなや。あくまでも後方支援にとどめとけ。このフォーメーション崩したらあかんで。ほな」

そう言い残し、三島部長は腰を上げた。田中主任があわててこれに倣った。

和久井は頭を下げて、会議室の扉の開閉音と遠ざかる靴音を聞いた。


「そうか、ほな頑張らんとな」

そのことを伝えると、目黒先輩はしみじみとした口調で言った。

「ぼちぼちでええよ」

「ありがとと。あ、これ買《こ》うてきた」

目黒先輩は、自転車乗りがよく使う肩掛け鞄、通称メッセンジャーバッグを胸のほうに回して開くと、コンビニの買い物袋を取り出した。中身を見た和久井は、なるほどとうなずいて、自分の鞄にそれを移した。

「目黒先輩、どこで買ったんですか」

エンジンをかけながら和久井が言った。

「え？　そこのコンビニで」

「ちがいますよ、そのドイターです」

ドイター《deuter》というのはスポーツバッグの有名ブランドだ。ハイキング用のバックパックで有名だが、自転車用のバッグも手がけていて、最近はメッセンジャーバッグも出している。

「あ、これ。丸太町の自転車屋さんで買うたんや」

そこは和久井もよく立ち寄る有名ショップだ。

「これ乗って行ったら、ええの乗ってはりますねて褒めてもうたわ」

そりゃそうだ。その自転車は俺が乗ってるのよりもずっと高級車で、たぶん新品だと五十万はしますよ、と心の中でつぶやいた。乗っている自転車が上級者用なのに、この客は初心者ほどの知識もないのはなぜだろう、とショップの店員は内心首を傾げていたのではないか。

「なんか自転車ってええね」

そうだろう。和久井もくよくよしてた時期は、これでなんとか誤魔化すことができたのだから。

「じゃあ、ゆっくり行くので、ついてきてください」

そう言って和久井はバイクをスタートさせた。


梶谷染色工房でコラボレーションのあらましを説明した後、和久井は梶谷先生にこう念を押した。

「先生は、一番大事なものは決まっているとおっしゃいましたよね」

「まあなあ」

先生の口調は曖昧《あいまい》である。

「けど俺は何をすればええんや」

「それは相手の出方を見て、またご相談します。なるべく先生に負担がかからないようにしますので」

「ほなら、そのときにまた話そか。コラボとか言われても、どんな具合かイメージ湧かへんさかい」

「それで、ちょっとお土産持ってきました」

和久井は、さっき目黒先輩に渡されたコンビニの袋を取り出した。そこから出てきたのはカップ麺だった。

「行列のできるあの銘店の味がいま食卓へ！　なんやこりゃ」

梶谷先生は手にしたカップ麺に印刷されたコピーを読んだ。

それは人気ラーメン店の味を、店主の指示のもとで、大手食品メーカーがインスタント麺に加工して販売したものである。

「例えば、我々がやろうとしているのは、こういうことです」

ほお、と先生は手にしたカップをしげしげと見つめていたが、ふと顔を上げて訊いた。

「うまいんか、これ」

和久井はコンビニの袋にもう一度、今度は両手を突っ込んだ。もう一度現れたその両手には、〈銘店の味〉が右と左につかまれていた。

「今晩、ふたりで食べてみます」

梶谷先生は愉快そうに笑った。

〈銘店の味〉に、目黒先輩が作った炒飯がこの日の夕食となった。

このカップ麺の評価は和久井・目黒ともにまずまずだった。こうしてこの〈銘店の味〉を超えるコラボが、ふたりの目標になった。どうなれば超えたことになるのかは、さておき。

夕飯の後、洗い物を和久井が担当し、目黒先輩は台所のテーブルで、プレゼン用の資料に取りかかった。

この夜、白崎葉子から、都放送が梶谷先生を取材してカメラを回したということにとどめるのならば、このことをプレゼン資料に文字で明記してもらってもかまわない、そういう具合に社内調整したと電話で連絡があった。

また、興味を持ちそうだと葉子が勝手に予想するアパレル系の企業の名前も、いくつか教えてくれた。

「和久井君、頑張ってな、私のために」

「うん、白崎のためにも頑張るよ」

和久井は正直な気持ちを言った。


営業活動を開始すると、いろんな反応があった。梶谷先生は一般的には無名な方なのでどうでしょうねと首を傾げるところ、とりあえず、いったん検討させてくださいと引き取るところ、早く帰ってくれとばかりに露骨に退屈そうな仕草を見せるところ、うちにはいろんな意味でハードルが高すぎますねなどと玉虫色の断り方をするところ、本当に興味はあるんですが今ちょうどタイミングが悪くて、というような本心なのか社交辞令なのかわからない言葉を口にするところ、等々等々。

和久井はそれぞれの企業の反応を目黒先輩にフィードバックし、目黒先輩はプレゼン資料をバージョンアップしていった。

ふと和久井は思いついて、

「ここのページのヘッドラインだけど、〈京都人の歴史と伝統に共感を寄せて〉ってのはどうだろ」

目黒先輩はラップトップから顔を上げて、にっと笑った。

「僕も、〈京都人のものづくりへの友愛〉って入れようかなって思てた。僕ら、同じ人のことを思い出してたんやね」

その時、玄関の引き戸ががらがらと開く音がして、ごめんください、と男の声がした。

降りていくと、中年の男がコートを脱いでいた。さりげなくこちらを威圧するような、そんな高そうなコートである。

和久井は、もしかして、と思った。

「和久井健太さんはいらっしゃいますか」

「私です」

「実は岩本健一の件で参りました」

「桜さんですね」

「彼がそう名乗ったのなら」

「失礼ですが、葵銀行の方でしょうか」

和久井はまず確認した。

男はうなずいた。

「もうだいぶ前ですが、確かに葵にはおりました」

そして名刺を差し出した。

そこには、水村洋平とあった。

「ちょうど京都に取材に来なければならなかったんでね。寄らせてもらいました。上がってもいいかな。これ、お土産です」

紙包みを和久井に手渡すと、水村さんは返事を待たずに靴を脱ぎにかかった。


和久井と目黒先輩の憶測は当たった。

桜さんと『花の金融マン 松浦秀樹』の原作者・水村洋平氏とは、葵銀行時代に親交があった。しかも、ふたりの関係は深く、もっと詳しく言えば同期入社であり、五百人近くいた同期の中でもとりわけ親密で、肝胆相照らす仲と呼んでもいいくらいであった。

「でもまさか、松浦秀樹のモデルが桜さんやなんてことは」

目黒先輩の、なんだか自分のアイドルを気遣うような口調がおかしかった。

「まあ、あいつはあんなにハンサムじゃないものな」

そう言って水村さんはテーブルの上のタンブラーを口に当てた。わかば寮の台所にはワイングラスなどという洒落たものは置いていないので、頂いた国産の高級白ワインは、質実剛健なデュラレックスのタンブラーのグラスに注がれたのだった。

どちらかといえば、いかつい顔つきの桜さんは、風貌の面からすれば、人気俳優・時田毅《ときたたけし》が演じる松浦秀樹とは似ても似つかない。けれど、松浦秀樹のいくつかのエピソードは、実際に葵銀行時代の桜さんにまつわるものをヒントに書いたんだ、と水村さんは言った。

「じゃあ、やっぱり松浦秀樹のモデルは桜さんってことになるんですか」

和久井が確認した。

「顔以外は」

水村さんはそう答えた。

「なんか嬉しいような哀しいような気分やなあ」

和久井は目黒先輩の気持ちがわかるような気がして、おかしかった。そして、和久井はこれは訊かねばならないと思って、

「あのラストシーンは？」と尋ねた。

「あれこそ、ほとんどそのまんまだよ」

「それが原因で、銀行を辞めはったんですか」

「辞めたんじゃなくて雲隠れだよ。あいつは抜群に優秀で、サラリーマンになってからもよく勉強してたから、どこへ行ってもやっていけると思っていた。てっきり、どこか小さな会社に潜り込んで、経営に携わってるんじゃないかなって勝手に想像してたんだけど、それが、ホームレスをやってたと知ったときには驚いたな」

「あれ？　桜さんがホームレスになっていたのは、どうして知ってるんですか」

「本人と話したよ」

「え、いつ？」

「今年の秋」

「ということは京都で？」

「そうだ」

「ひょっとして、そのときの宿泊はＡＮＡホテルですか」

「ん？　どうしてわかった？」

「そこのレストランでステーキ奢ったでしょう」

「そうだったな。うん、そうだ。あいつが肉食いたいって言ったんだ」

「僕はその晩、生姜焼き定食だったんです」

「え、それは別に関係ないやん」

目黒先輩が口を挟んだ。

関係ないけど、言っておきたかったのである。

「まあ、ステーキは原案料の代わりのつもりだった。本当は現金を渡したかったんだが、あいつは受け取らなかった。その代わり、翻訳とかそう言った類いの仕事があれば回してくれと言ったので、知り合いの出版社を紹介した」

「先日、葵銀行からこういう人たちが来て、桜さんのことをいろいろ訊かれたんですが」

和久井は、先日もらった坂口輝明と鮫島正昭の名刺をテーブルの上に並べた。

「背任行為て言葉を使《つこ》うてたんやろ」

目黒先輩が和久井に確認するように付け足した。

水村さんは名刺をつまみ上げると、自分の目の前に持っていき、坂口はいま課長か、とつぶやいてテーブルの上に投げた。

「知ってはるんですか」

「こいつも同期だよ」

「じゃあ、桜さんや水村先生とは仲よおなかった?」

「いや、よかったよ、最初はな。ただ、男はね、会社に入って身過ぎ世過ぎにあくせくしているうちに、どんどんすり切れちゃうんだよ」

「そんなもんなんやろか」

「そんなもんじゃないって言ってもらいたいね、むしろ」

若いサラリーマンふたりは黙った。

「ともあれ、葵があいつを訴えるということはあり得ないな。一応、稟議は通ってたんだし、あいつは最初の計画通り実行しただけだ。逆に、当時の支店長がよからぬことをしようとしていた証拠は、俺がたっぷり保管している」

「水村さんが？」

「ああ、あいつが万が一のときにと、俺に預けていったんだ」

「そんなに仲がよかったんですか」

「まあな。俺が作家になれたのは、あいつのおかげだと言ってもいいくらいだ」

「といいますと？」

「文学青年だった俺は、サラリーマンをやりながら小説を書いていた。これはサラリーマンにとっては仕事に専念していないってメッセージになるので周りには言わないでおいたが、岩本だけには話していた。で、俺がちょっとした賞を獲って、葵銀行を辞めようかどうしようかって悩んだときに、あいつは、俺はお前の才能を信じてる、人生は一度だから思い切ったらどうだって言ってくれたんだ」

「でも、それって、賞を獲ったあとやから、後出しジャンケンみたいなもんちゃいますの？」

「いや、賞といっても芥川賞を獲ったわけじゃない。そのときは舞い上がったが、いま思い返してみれば、村ののど自慢で鐘を鳴らしたようなもんだったんだ。それで、とたんに生活が苦しくなった。だから、しばらくすると、退職を勧めた岩本のことをちょっと恨むようになった」

「そうなんや」

「サラリーマン社会では、会社を辞めた奴に会社の人間は近づかない。いないも同然になるんだ。近づくとすれば有名になってからだ。けれど、岩本は、ちょくちょく俺のアパートに差し入れを持って会いに来てくれた。で、あるとき、俺に言ったんだ。お前はせっかく銀行にいたんだから、その世界を書いてみるのはどうだ、俺の見立てじゃ、水村は娯楽小説を書いたほうがいいと思うぞって。それだけじゃない、こういう話はどうだ、あそこの支店ではこういうことがあったから、こういう展開にすると面白い話になるんじゃないかってヒントもくれた」

「そりゃあ、桜さんのおかげや」

「ひょっとして、桜さんも小説を書いてたんですか。それで自分の可能性を水村さんに託したんでしょうか」

「いや、あいつが学生時代にやってたのは映画だよ」

「映画？」

「ああ、結構熱心にやってたみたいだ。俺たちみたいなメガバンクに勤務している奴は、京都って聞くと嫌がるのが多いんだよ、京都は中小企業が多いから、お宅みたいな信金が頑張っている。それに独特の商慣習があって、よそ者にキビしいってところもある。けれど、京都に転勤が決まったとき、あいつは大喜びで任地に赴いた。京都には時代劇の撮影所があるからね」

和久井は桜さんが残していった文机をちらと見た。これを運び込んだ日、どこの古道具屋で買ったんだと訊いたら、知り合いになった東映京都撮影所の大道具係に作ってもらったんだと言っていた。和久井はその時はまさかと思ったのだが。

「桜さんも映画を撮ってたんですか」

「学生時代にはさんざんやったらしい。一度見せてもらったけど、それは壮大で実験的な自主映画だった。そして絶対にもう二度と見たくないと思ったね」

ふたりの若いサラリーマンは笑った。

「だけど、年間に三百本以上見ていた年もあったというだけあって、いろいろとアイディアは持っていてね、一方の俺は、どちらかといえば純文学ばかり読んでた男だったから、ドラマチックな展開はあまり得意じゃなかった。だから、あいつの映画の知識にはずいぶん助けられたんだ。だいたい、桜四十郎みたいなふざけた名前も、あいつじゃなきゃ思いつかないだろ？」

和久井と目黒先輩は顔を見合わせた。

「それはどういう意味ですか」

和久井が訊いた。

「え？　君たち、『椿三十郎』を見てないのか」

「そういえば似てますね、椿三十郎と桜四十郎」

「おいおい、黒澤明監督の傑作だよ。入江たか子に名前を聞かれた三船敏郎が、庭の椿がポトリと落ちるのを見て言うだろう。『私の名前ですか。椿三十郎。いや、もうそろそろ四十郎ですがだ』って。そしてとぼけて、空を見上げる、あれだよあれ」

あれだと言われても、見てないふたりはしょんぼりするしかなかった。

和久井の脳裏に、いままさに満開とばかりに咲き乱れる賀茂川の桜を、顎を撫でながら眺めていた桜さんの、あの屈託のない笑顔がよみがえった。

その後も、桜さんからは何の連絡もなかった。

営業で五〇ccのバイクに乗ると、冬用の手袋をしていても、指先がかじかむくらいに寒くなった。

十二月の頭に冬のボーナスが出た。その額は予想通り低かった。しかし、和久井の心に応えたのは、その額そのものよりも、その数字が「お前は駄目な奴だ」と言っているような気がしたことだ。

駄目だという評価は、梶谷染色工房とのコラボの企画にも容赦なく返ってきた。年内にこのコラボを決めようと、クリスマスは目黒先輩とふたりでわかば寮の共同台所のテーブルに向かい合い、新しいプレゼンの資料を作っていた。しかし、年内に成立させて、晴れ晴れしい気持ちで新年を迎えようという目論見は完全に挫《くじ》かれた。

大晦日、和久井は目黒先輩とふたりで、和久井の部屋で紅白を見た。なりゆきで『ゆく年くる年』も見た。それから、下鴨神社に行って、何とぞ二月中までに成立を、と手を合わせた。二月を跨ぐことになれば、先生の工房の土地は葵銀行のものになり、そこに丸山製作所がやってくるからである。

寮に戻って年賀状の束を解くと、中に白崎葉子からの賀状があった。ごくごく簡素な、通り一遍の新年の挨拶が印字された下の空欄に、「期待してるからね」と青い手書きの一文が添えてあった。

なにくそ、まだまだ、と和久井はあちこちに営業攻勢をかけ続けた。もうどこを訪問し、どこがまだなのかがわからなくなる始末だった。

しかし、年が明けても、駄目駄目駄目、とNGの波状攻撃にさらされた。まるで、猛ラッシュを食らってロープ際に追い詰められ、ロープに深くもたれかかっているダウン寸前のボクサーのような気分になった。

駄目の評価は無言という形でよこされることもあった。返事がないので連絡してみると、思い出したように、あーあれですか、やっぱりちょっと無理ですね、などとその場で返答されたりした。プレゼンのときには検討しますと保留したものの、ミーティングのあとすぐに企画書をゴミ箱に放り込んで、きれいさっぱり忘れたのかもしれない。

和久井は投げ返されたNGを苦い思いで噛みしめながら、

「さようですか。また機会がありましたら、どうぞよろしくお願いします」と言って受話器を置くことを繰り返していた。

そして、いまも受話器を置いて、もう一度カレンダーを見た。二月は二十八日しかない。もう半分が過ぎていることを知って、和久井の焦りに拍車がかかった。

その斜め前で、田中主任が湯呑み茶碗に手を当てて、

「まあなあ、餅は餅屋っていうしな。うちは広告代理店とちゃうよって」と妙に嬉しそうにしている。

あの日「攻めの姿勢でいけ」とハッパをかけたことも忘れ、いつもの主任に戻って

いた。

「和久井さん、二番にアオイさんから外線入ってます」

吉原さんが向かいの列から声をかけた。

アオイ？　葵銀行が何かつかんだのだろうか、とぎょっとしながら、和久井は二番の外線を取った。

「もしもし、和久井でございます」

〈ああ、私、アオイのナカニシいいます〉

和久井の額から脂汗が出た。このイントネーションは京都支店からだろうか。

「ああ、アオイの字は植物の葵でしょうか」

和久井は確認した。

〈そうや。もっともうちは、上賀茂神社の神紋の葵にあやかってつけたんやけど〉

「――ということは、葵銀行さまとは関係がないのでしょうか」

〈そんな立派なとことちゃいますわ。ていうか、あんた、うちの常務に梶谷先生との提携の話持ってきたんとちゃうんかいな〉

和久井は、はっとなった。そして、ようやく状況を正しく把握した。

「あ、葵さまは葵美装様でいらっしゃいましたか」

〈せやから、さっきから言うてますやんか〉

「大変失礼しました」

〈あれ、もうどこぞに決まったんか〉

「あのコラボですか、いえまだ大丈夫ですよ」

電話の向こうから笑い声が聞こえた。

〈大丈夫やのうて、難儀してはるんやろ。いまはどこも不景気やさかいな〉

「……お察しの通りです」

〈話は早いほうがええから単刀直入に言うで。正直言うと、興味はある。梶谷先生も尊敬してる。そやけど、いまのうちの体力からすると、ここに書かれてる提示金額はちと高い。ていうか、正直言うと話にならへん。けど、半額やったら考えられへんこともない。どうえ？〉

「半額ですか」

〈そうや〉

「では、契約期間をもう少し長く取っていただくというのはいかがでしょうか」

相手は沈黙した。

〈ほな、その先の話は会うてからにしょう。いつ来れる？〉

「社長さえよろしければ、いますぐ伺います」

和久井は受話器を置くなり立ち上がり、オーバーコートをつかんだ。

「葵美装との提携は梶谷先生のアドバイザーフィーとして年間一千万を月割りで五年間支払うという契約で進んでます。これには、葵美装が企画・開発している草木染の限定商品『雅シリーズ』に、『梶谷雄太郎監修』という冠《かんむり》をつけるフィーも含まれています。これが基本契約内容で、あとは別途話し合いで価格を取り決めるということになりました。つまり、以上によって梶谷染色工房は向こう五年間、ある程度の定期収入を確保することになります。また、同工房はこの春から、紫を中心とする新作を直営店ほかで販売することが決定しています。これらの条件によって、葵銀行から洛中信用金庫にもう一度借り換えができないか、審査を仰ぎたいと思っているのですが」

三島部長は腕組みをして考え込んでいる。そして、「ギリギリやな」と言った。

「つまり、審査が通るかどうかはかなり微妙や。安定収入いうたかて、五年間だけやからな」

「そうですね」

和久井はうなずいた。そして、

「これは今回の審査とは直接関係がないのですが」

と、鞄から何枚かの用紙を取り出した。

「葵美装は、いまは京都中央銀行と取引されてますが、『雅シリーズ』についての製作費一億円を洛中信金に頼めないかと言ってくれています。ちなみに、これが葵美装の損益計算書です。堅調な営業を続けられていますし、西陣中央小学校近くの社屋は自社ビルです。また、北区にはこれだけの土地をお持ちです。もちろん反社会勢力との付き合いもありません」

「なんでお前にそんなことわかるんや。興信所でも雇たんか」

ここで田中主任が口を挟んだ。

「本店の神部課長に教えていただきました」

「なんやて⁉　審査のほうに先に連絡とったんかい」

「ええ、こういう新しい取引先の話があるのですが、そちらの方面で注意することがあれば教えてくださいと言いました」

「おいおい、先に相談するところがちがうやないか。それに、これと梶谷先生の件は別件やろ」

田中主任が不快感をその表情にあらわにした。

三島部長が掌を主任に向けて制した。

「もういい。お前の上司は田中主任やからな、段取り間違うなよ」

「はい、申し訳ありません」

「しかし、この資産は大したもんやな。葵さんのほうは問題ない。というか、ぜひ融資させてもらいたいくらいや。けれど、田中主任が言うように、梶谷先生の件は別件や」

「はい」

「書面では別件だということは葵美装の社長もわかっておられる。けど、気持ちはどこかでつながっているわけやな」

「おっしゃる通りです」

ふむ、と三島部長はまた腕組みをした。もうここは押すしかないと、和久井は心を決めた。

「先生の作品を直販する三条の大和大路通のお店が、新年から再オープンしています。いまはうちと取引がないので普通は頂けないのですが、特別に先月の売り上げと経費の一覧をもらってきました。昨年比で一三〇パーセントと堅調な出足を見せています」

三島部長は和久井から受け取った書類を見つめて、なるほど、と言った。

「それから、先生はこれまでホームページなどネット上での告知を一切やってこなかったのですが、これについても先生のプロフィールや作品、大和大路通の店の場所や連絡先など、少しでも売り上げを高められるようなデザインを目黒先輩が計画しています。目黒先輩は通販をネット上で受け付けられるようにできないか、店の人と打ち合わせしているそうです。もちろんこれは、梶谷先生のファンのボランティアとしてですが」

「そうか、目黒もそろそろ現場復帰が近いんかな」

「そう思います。それから、ちなみにこれも先生の融資には直接関係はないのですが、都放送の明日の夜のニュースで、葵美装とのコラボが取り上げられるそうです」

「さよか。関係ないけど、一応聞いとこ」

三島部長は軽く受け流しているが、多少は効くパンチを打ち込めた気がした。和久井はゴングが鳴る直前の猛ラッシュをかけた。

「ありがとうございます。そして、これも今回の融資とは関係がないのですが、来月には先生を追ったドキュメンタリー『私の紫 私の京都』という番組をオンエアーすることを都放送が検討しているらしいと聞きました」

「らしいってなんや?」

「まだオンエアーの日程は決定していないということだと思います。都放送はずいぶん前から先生に密着取材しているようで、まだ取材を継続中です。これは確かな情報です」

「よしわかった。一応聞いとく」

和久井は手持ちのカードをすべて出し切った気がした。

三島部長は、しばらく腕組みをして部屋の片隅をぼんやり見つめていた。田中主任は何か言いたそうにもぞもぞしていたが、結局ここは黙っていたほうが得策だと判断したようだった。

三島部長が、ふと和久井のほうに視線を投げた。

「よし、ここは攻めよ」

田中主任の背中がびくんと伸びた。

「はい」と和久井が言った。

「俺たちが知らない危険を審査部が指摘してけえへん限りは、これはなんとしても通す。審査部が渋ったら怒鳴り込むくらいのつもりでいこうやないか」

「ありがとうございます」

和久井は頭を下げた。

「しかし、葵美装さんも、よおこの案に乗ったなあ」

部長は、しみじみとした調子で言った。

「それはやはり、先生の知名度だと思います」

「そやなあ、やっぱり大したもんやな」

実はもうひとつ、ささやかではあるが、葵美装の中西社長を動かした要因を和久井は知っていた。しかし、それはここでは口に出さなかった。

和久井は山椒と京昆布のセットを取った時、里中宏美を思い出した。パンク修理のあと、ふたりでおにぎりを食べたときに、中に仕込んだ具がこだま屋の佃煮だと見事に言い当てたあの人はどうしているのだろうか。あの日の、北山を巡るサイクリングはとても楽しかった。そのあとに、先生の工房が取られるという情報をもらい、そして既婚者だという衝撃的なニュースも教えてくれた美女。本格的な冬に入ってから、さすがに花脊峠までの道は通行止めになっているから、久しく鞍馬から先の坂を登っていないけれど、元気だろうか。

そんなことを考えながら、和久井はレジに向かった。昨日は、稟議が通ったお祝いに、肉を寮に買って帰り、目黒先輩と盛大に焼き肉を食べたので、今日はあっさりしたものがいいということになった。そして和久井も、こだま屋にそろそろ行かなければという気がしていた。

主人は店の中にはいなかった。奥にいらっしゃるのなら呼び出してもらおうかとも迷ったが、結局今日のところはそのまま店を出ることにした。

暖簾をくぐって通りに出たとき、向こうからうつむきがちにしずしずと歩いてくる紳士がいた。

「毎度おおきに」

和久井を認めると、主人は軽く頭を下げた。

和久井は深くお辞儀をした。

「いえ、こちらこそ。あの葵美装の中西社長に、よく言ってくださって」

葵美装とのコラボがほぼ決まった日の翌日のことだった。メールが一通白崎葉子から届いた。

「なかなか面白い動画をアップしたので、下のURLに行って見ておいて。パスワードは09181182（和久井はいい奴）です。三日で消すから、なるべく早く見てね。本当はオンエアーにも入れたいんだけど、やっぱりカットすることになりそうだから」

いい奴ってなんだよ、かっこいいとか、もうちょっとないのかよ、と思いながらパスワードを打ち込み、和久井はネット上に浮かんでいる動画ファイルをクリックした。

梶谷先生の工房の縁側に、葵美装の中西社長と梶谷先生が並んで座っている。

それでは、いきます。カメラ回ってまーす、という白崎葉子の声がフレームの外から聞こえた。――よーい、はいっ！

「はじめまして。よろしくお願いします」

中西社長が頭を下げた。

「こちらこそ」

梶谷先生もこれに倣った。

「何の話からしましょかなあ」

おもむろに中西社長は言った。

「中西社長の葵美装は、もとは呉服屋を営まれてたと聞いたんですが」

「二代前まで。けど、うっとこは、そんな銘店とちがいます。出はいわゆる〝担ぎ〟ですわ。先生のところは江戸時代から続いてる名門中の名門やさかい、そちらと比べられるもんとちがいます」

地元のアパレルの中小企業の社長と伝統工芸の名匠との談話は、互いに気を配りながら淡々と進んだ。中西社長は梶谷先生をいかに尊敬しているかを熱心に伝えた。そんな梶谷先生と商売を一緒にできるということは、ファッション衣料業者としてはひとつの夢が叶ったようなものだと持ち上げた。

談話が進み、互いに打ち解けてきた時、フレームの外からまた葉子の声がした。

――それで、最終的に決心されたのは、どのようなタイミングだったのでしょうか？

「それが、よおわからんのやけど、企画書を持って洛信の人が訪ねてきはってな。そのときはわてはおらなんで、息子、うちで常務やらしてますねんけど、それが応対したんですわ」

「ああ、洛信のあの彼やね」と梶谷先生は言った。

「けど、うちのはアホやから、その企画書を机の上に放り出して、わてに連絡するのも忘れてたんです。そんで、息子の机の前をたまたま通ったら、梶谷雄太郎って名前が目に入って。なんやこれ、って問い詰めたんですわ。そしたらこういう人が来て、置いていかはったって言うんや。それで、企画書開いてみたら、えらい面白そうなことが書いたある。けど、なんでこういうもんを洛信が持ってきたのか、よおわからん。それを常務に問い詰めても、さあなんでやろ、とか首傾げてる。なんや、そのへんが気色悪いからほっといたんやけど、気になってはおったんです。で、その数日後に、わて京都の商工会の連中と、この向こうのるり渓でちょっと回ったんですわ」

「ああ、ゴルフですか」

「そうや、好きなのが数人いて、この寒いのに連れ出されてかなわんのやけど。おまけに全員スコアめちゃめちゃで、まあそんなことはどうでもよろしい。それで、そのあと、みんなで温泉で温《ぬく》もって一杯飲もってことになった。どっちかというと、こっちのほうがわてなんかは楽しみで。あ、先生はゴルフされますか」

　先生は、いやいやと首を振った。

「さようですか。で、佃煮屋のこだま屋さんの旦那と一緒に湯船でじゃぶじゃぶやっているときに、こういう話があるんやけど、洛信がなんでそんなことやってるんやろか、なんやよお訳がわからんて言うたんです。そしたら、こだま屋の主人が、洛信？ひょっとしたらアイツちゃうかなって言わはる。アイツって誰ですのん？　いやね社長、ひとり変なのが洛信におるんです、ちょっと、その企画書見せてもらえますかて言う。興味おありですの？　ある。ほなら、ちょうど鞄の中に入ってるからお見せしますわ。ほんで、ふたりでザバーって湯船飛び出して、脱衣所でラムネ飲みながらその企画書を見たんです。そしたら、コイツや、この和久井いう奴やてこだま屋はんが言い出した。ご存知ですの？　よお知ってる。わてはそのとき、ひょっとしたらこれは詐欺とちゃうかなと思いましてん。そしたらこだま屋はん、コイツはなかなか見どころあるって言わはる。そうですか、詐欺師やのうてこだま屋さんの担当ですか？いや、金利が高いから借り換えた。なんやそりゃ。でも、そいつは信用できると思う。よし、ほな明日にでも電話して会うたろ。まあ、こういうことですわ」

和久井は笑った。コラボの金額が高いと言って値切ったことは一言も触れてないのが、ちゃっかりしている。そして、とにかく、もし審査が通ったら、こだま屋に出向いて礼を言わなきゃいけないと思った。

「本当にありがとうございました」

和久井は、もう一度頭を下げた。

こだま屋の主人はとぼけるでもなく否定もせず、ただジロリと和久井を見ると、

「ほんであんた、いつ洛信辞めて住菱へ行くんや」とまたとぼけたことを言った。

「いや、住菱さんには行けませんし、行きません」

「さよか、ほな、こっちがそっちに行くしかないわな」

「え？」

「また借り換えるかもしれへんし、とりあえず明日の十五時に来ておくれやす」

そう言い残して主人は店の中に入っていった。

終章

またひとたびの春へ

三月から目黒先輩は職場に復帰した。配属は本店の総務になった。

そろそろ桜の開花が日本列島の南端で告げられた土曜日、和久井は朝早く起きて、こだま屋の佃煮を仕込んだおにぎりを四つ握ると、目黒先輩にふたつ渡し、この年はじめて花脊峠に向かった。

目黒先輩は、この冬の間も、冬用のジャージとウィンドブレーカーで京都の近郊をあちこち走り込んでいた。そして、次第に精神的にも安定を取り戻していた。

鞍馬駅前で横に並んだ和久井は、

「ここからキツくなりますから、あまりトバすと後半もたないですよ」と注意した。

間もなく目黒先輩は、うわーほんまキツいなあ、と言いながらも、ペダルを回し続けた。

この冬も葉を散らすことのなかった、すっくと伸びる杉に見守られながら、ふたりは山の懐深く入っていった。

冷たく透き通った渓流が美しかった。

枝々の間から差し込む木漏れ日が美しかった。

梢《こずえ》の先に広がる青空が美しかった。

世界は美しいと思えた。

この美しさは、生きる苦しさやせつなさを癒やすためだけのものではなかった。たとえ世知辛い俗世間であくせくしていても、この木立の向こう、この山の向こう、そして空の向こうに何か豊かな世界がまだ広がっていると、和久井は信じられるようになっていた。

和久井はボトルに手を伸ばして一口飲むと、ギアをもうひとつ軽くして、ペダルを踏み込んだ。しばらく山に登っていないおかげで、身体は結構なまっていた。

そして、峠の手前でもたなくなったのは、目黒先輩ではなく和久井のほうだった。もともとスポーツはよくできたという目黒先輩は、この冬にじっくり走り込んでいたこともあって、途中で和久井を置き去りにして、急勾配をリズミカルに登って、つづら折りの向こうに消えていった。

「参ったなあ」

和久井は思わずつぶやいた。

まあいい、あそこまで元気なら、しばらくは大丈夫だろう。けれど、これから先、目黒先輩も自分も安泰というわけじゃない。それでも、ひどく落ち込んだりしたときには、先輩もペダルを踏んでこの峠を登り、そして、もう一度、あの春からこの間の冬にかけてあった出来事を振り返り、友愛と共感がこの世から完全に消えていないことを思い出すだろう。

だから和久井は、あの自転車を残していってくれた浅井さんにも感謝しようと思った。

少し遅れて、和久井は峠の頂《いただき》にたどり着いた。

目黒先輩は、石垣に自転車を立てかけて、サイクリストと話しているようだった。

相手の自転車は赤かった。

ああ、赤いな、この赤はどこか見覚えがあるなと思っていたら、目黒先輩の背中越しに、あの顔が現れた。

「あ、来た来た」

目黒先輩がフリーホイールの音に気づいて振り返った。

「僕の自転車の師匠の和久井君。同じ洛信で働いてます」

ちぎられたのに師匠と呼ばれると、さすがに居心地が悪い、と和久井は照れた。

「こちらは、たまたまこの峠で和久井君待ってるときに、向こうから登ってきはって、ここがほんまに花脊峠で合《お》うてるんかなと不安になって声かけてん。――えっと、お名前なんてゆうたかな」

「寺本です。寺本宏美です」

和久井は軽く会釈すると、

「今日は西から東への時計回りですか」とだけ言った。

女はヘルメットをかぶりながら、

「そう。引っ越ししたから、こっち回りのほうが都合よおなってん」とフレームに跨がり、サングラスをかけた。

「じゃあ、もう坂でちぎられることはないから安心だ」

「そうかな、また一緒に走る機会はあるんちゃう？　そのときは、やっぱりちぎると思うわ」

「あ、はい」

女は背中のポケットから赤いウィンドブレーカーを出して、袖を通した。

「でも、下りで追いついて、また一緒に走ればええやん」

「ええ」

「訊いてくれへんから自分で言うけど、わたし離婚したから」

女はそう言ってウィンドブレーカーのジッパーを引き上げると、サドルにお尻を乗せて、ペダルを踏み込んだ。そして、あっという間に東に下る坂の向こうへ姿を消した。

「なんや知り合いやったん?」

目黒先輩は背中のポケットからおにぎりを取り出して、頬張りながら言った。

「和久井君は美女の知り合いが多いなあ」

「口を利いたのはこれで二度目だよ。一度、一緒におにぎりを食べたことがある」

和久井も自分のおにぎりのラップを剥《む》いてかぶりついた。

ちょっと小洒落たお店でコーヒーを飲んでケーキも食べたということは、自分の胸にしまっておくことにした。

「さ、行こうか。今日は徹底的に走ろう」

和久井はウィンドブレーカーを取り出して袖を通した。そして、目黒先輩を連れて、西へと下りだした。

終わり

本書は書き下ろし作品です。

読むだけでお金の増やし方が身につく

京都かけだし
信金マンの事件簿

発行日　2017年5月3日　第1刷

著者	菅井敏之+お金総合研究所
デザイン	菊池崇＋櫻井淳志（ドットスタジオ）
校正	荒井順子
カバーイラスト	有希うさぎ、ゆうが舎
DTP	廣瀬梨江
編集担当	高橋克佳、栗田亘
営業担当	増尾友裕
営業	丸山敏生、熊切絵理、石井耕平、伊藤玲奈、戸田友里恵、甲斐萌里、大原桂子、綱脇愛、川西花苗、寺内未来子、櫻井恵子、吉村寿美子、田邊曜子、矢橋寛子、大村かおり、高垣真美、高垣知子、柏原由美、菊山清佳
プロモーション	山田美恵、浦野稚加
編集	柿内尚文、小林英史、舘瑞恵、辺土名悟、奈良岡崇子、加藤紳一郎、中村悟志、及川和彦
編集総務	千田真由、髙山紗耶子、高橋美幸
メディア開発	中原昌志、池田剛
講演事業	齋藤和佳、高間裕子
マネジメント	坂下毅
発行人	高橋克佳

発行所　株式会社アスコム

〒105-0003
東京都港区西新橋2-23-1 3東洋海事ビル
編集部　TEL：03-5425-6627
営業部　TEL：03-5425-6626　FAX：03-5425-6770

印刷・製本　株式会社光邦

Printed in Japan ISBN 978-4-7762-0935-5

シリーズ第２弾！

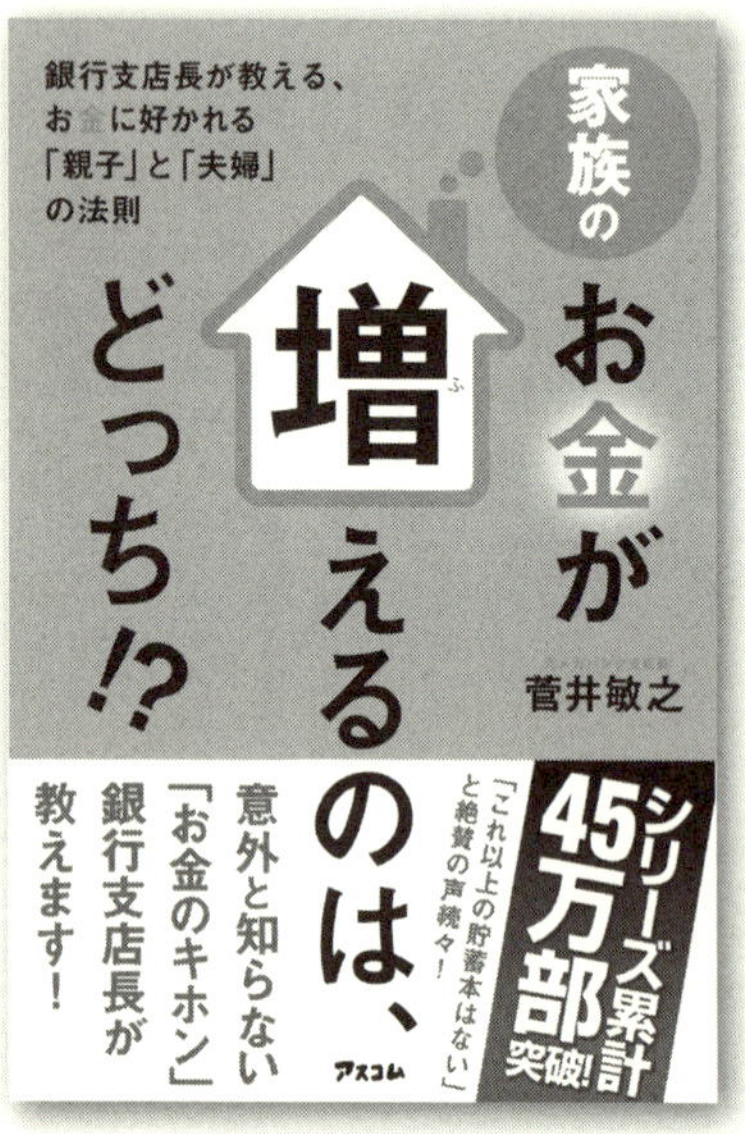

『家族のお金が増えるのは、どっち!?』

銀行支店長が教える、お金に好かれる「親子」と「夫婦」の法則

菅井敏之

本体 1,300 円＋税

「お金」のことを考えることは、
「家族」のことを考えることです。

親と子、夫と妻。

家族みんなが安心して暮らすために知っておきたい
「お金の話」を１冊にまとめました。

【巻末特別付録】
「家族のお金が増える書き込み式ライフプラン表」つき！

読むだけでお金の増やし方が身につく

「京都かけだし信金マンの事件簿」

の電子版がスマホ、タブレットなどで読めます！

本書をご購入いただいた方はもれなく本書の電信版がスマホ、タブレット、パソコンで読むことができます。

アクセス方法はこちら！

下記のQRコード、もしくは下記のアドレスからアクセスし、会員登録の上、案内されたパスワードを所定の欄に入力してください。
アクセスしたサイトでパスワードが認証されますと電信版を読むことができます。

https://ascom-inc.com/b/09355

※通信環境や機種によってアクセスに時間がかかる、もしくはアクセスできない場合がございます。
※接続の際の通信費はお客様のご負担となります。